마이크로비트
마퀸으로 배우는
AI세상

허스키렌즈 활용 포함

마이크로비트 마퀸으로 배우는 AI세상

개정판 1쇄 발행 2023년 4월 10일
개정판 2쇄 발행 2023년 12월 29일

지은이 아이씨뱅큐
펴낸이 아이씨뱅큐
펴낸곳 아이씨뱅큐
출판등록 제2020-000069호

교정 양수진
디자인 이현
편집 이현
검수 우지윤
마케팅 심은주

주소 서울특별시 금천구 두산로 70 현대지식산업센터 A동 2301호 아이씨뱅큐
전화 1877-6877
팩스 02-2098-9393
이메일 shop@icbanq.com
홈페이지 www.ICBANQ.com

ISBN 979-11-972615-5-8(03000)
값 18,000원

ⓒ 아이씨뱅큐 2023 Printed in Korea

잘못된 책은 구입하신 곳에서 바꾸어 드립니다.
이 책의 전부 또는 일부 내용을 재사용하려면 사전에 저작권자와 펴낸곳의 동의를 받아야 합니다.

개정판

마이크로비트 마퀸으로 배우는
AI세상

허스키렌즈 활용 포함

아이씨뱅큐 지음

초급 중급 고급

마이크로비트 V1, V2 호환!

엘리먼트14
추천 도서!

IC BANQ

머리말

"마퀸과 함께라면 어디든 갈 수 있어요!"

여러분은 '코딩' 하면 어떻게 생각이 드시나요?
예전에는 마냥 어렵고 다가가기 어려웠겠지만, 요즘 시대엔 '코딩'이라면 남녀노소 할 것 없이 한없이 가까워진 느낌입니다. 특히나 요즘에는 초등학교에서도 쉽게 만나 볼 수 있는 게 엔트리, 스크래치이기 때문에 더욱이 그 벽이 허물어진 것처럼 느껴지곤 합니다.
코딩을 다루는 나잇대가 여러 세대로 바뀌면서, 코딩의 중요성은 날이 갈수록 커지고 있습니다.
이에 발맞추어 다양한 교구와 교재가 많이 나왔고, '마이크로비트'는 그 교구들 중 가장 뜨거운 관심을 받았던 하드웨어라고 볼 수 있습니다.

이 책은 New 버전 마이크로비트와도 호환이 되고, 기존 마이크로비트를 가지고 있는 것과도 호환이 됩니다. 마퀸 로봇을 이용한 다양한 예제들은 마이크로비트를 더욱더 재밌게 활용할 수 있도록 도와줍니다. 최근 AI 기술이 주목을 받는 시대에 맞추어, AI 렌즈인 허스키렌즈를 활용한 인공지능 공부도 해 볼 수 있습니다. 그동안 가볍게 마이크로비트에 대해 배워 보았다면, 이번에는 이 책을 이용하여 RC카와 AI까지 폭넓게 배워 보세요!

블록 하나씩 처음 접하는 분들도 쉽게 배울 수 있도록 구성했습니다. 조립방법 역시 최대한 상세하게 설명했기에, 관련 분야의 지식이 없는 학부모님들도 자녀와 함께 책을 보며 충분히 쉽게 따라 하실 수 있습니다. 현장에서 교육을 하는 선생님들도 마이크로비트나 로봇을 가르치시는 데 좋은 교재로 사용하실 수 있습니다. 또한, 이 책의 모든 프로젝트는 교안자료를 제공하므로 혼자 수업을 준비하실 선생님들께도, 아이들을 가르칠 학부모님께도 최고의 지침서가 될 수 있을 것입니다.

끝으로, 〈마이크로비트 마퀸으로 배우는 AI 세상〉 책을 쓰는 데 많은 격려를 해 주신 김종우 사장님과 이성민 대표님, 집필 기간 동안 머리를 맞대어 많은 고민을 함께 나눈 저자님들(강영진, 김보민, 김정화, 신윤경), 마이크로비트 활성화를 위해 애써 주신 엘리먼트14 한국지사 정재철 지사장님과 마퀸과 허스키렌즈를 한국에 널리 알릴 수 있게 해 준 DFrobot에 감사의 마음을 전합니다. 또한, 책을 쓰기까지 각자 맡은 부분을 잘 마무리해 준 팀원들(한지성, 심은주, 전태현)께도 감사를 전합니다. 덕분에 이 책이 잘 출간될 수 있었습니다.

아이씨뱅큐 마케팅엔지니어팀

추천사

micro:bit와 호환되는 마퀸은 선생님들이 학생들에게 로봇을 소개하기 쉽도록 설계된 교육용 프로그래밍 로봇입니다. 이 책의 커리큘럼은 최대한 빠르게 학생들이 로봇 기술을 공부할 수 있도록 되어 있으며, 학생과 교사들이 복잡한 로봇들의 개념을 분석하는 데 도움이 되도록 쉽게 작성되어 있습니다. 마퀸 책과 함께라면, 학생들이 로봇 및 AI 기술의 아이디어와 결과물을 직접 탐색해 볼 수 있을 것입니다!

- DFRobot CEO Ricky

요즘 학교 선생님들과 방과 후 교사, 학생, 학부모들은 모두 쉽고 간단하게 코딩을 배우는 법에 대한 고민을 가지고 있습니다. '쉽고 간단한 코딩'이라는 고민에는 마이크로비트를 사용해 보시라고 감히 추천해 드리고 싶습니다. 특히나 이 책은 마퀸이라는 RC카 로봇을 활용하여 마이크로비트를 더욱더 넓게 활용할 수 있도록 구성하였기에, 더 많은 학생들은 코딩을 쉽고, 재미있게 배워 갈 수 있을 것입니다!

- 전 세계 마이크로비트 독점 제조(및 유통) 회사, element14 한국사장 정재철

코딩 입문용으로 배우기 쉬운 초소형 코딩 PC 마이크로비트! 그동안 개발자들의 전유물이라 생각했던 코딩의 상식을 확 깨 버린 마이크로비트를 활용한 이 책은, 더 많은 사람들이 쉽게 로봇을 다루어 볼 수 있게 도와줄 수 있으며 인공지능의 시대에 맞추어 더욱 쉽게 AI에 대해 토론해 볼 수 있게 도와줍니다. 〈마이크로비트 마퀸으로 배우는 AI 세상〉을 읽고, 마퀸 RC카와 허스키렌즈를 활용한다면 새로운 인공지능의 시대에 한발 더 가까워질 수 있을 겁니다!

- 동양미래대학교 로봇자동화공학부 학부장 송호범

〈마이크로비트 마퀸으로 배우는 AI 세상〉은 아이씨뱅큐에서 그동안의 노하우를 집약하여 작정하고 내놓은 책이라는 생각이 듭니다! 마퀸 RC카로 할 수 있는 다양한 예제가 한가득인 이 책은, 이제 친구는 물론 가족과 코딩교실에서 코딩 놀이를 즐길 수 있는 서적이라 믿어 의심치 않습니다!

- '마이크로비트 사용자 모임' 카페(https://cafe.naver.com/bbcmicro) 운영자 앤서니

현재 초등학교, 중학교를 다니는 학생들에게 가장 우선적으로 학습해야할 과목을 추천해 주어야 한다면, 대부분의 교육전문가 공히 코딩과 인공지능분야를 고려할 겁니다. 하지만, 아직도 국내에 코딩과 인공지능분야를 제대로 학습할 교본이 없었다는 아쉬움이 컸는데, "마이크로비트 마퀸으로 배우는 AI세상"이 그 아쉬움을 해소해 주리라 믿으며 그간의 아이씨뱅큐의 노력에 박수를 보내드립니다.

- 방과후 학교 강사모임 '방세아' 카페(https://cafe.naver.com/forasteacher) 운영자 꾼미남

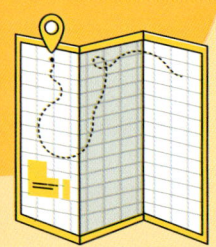

CONTENTS

머리말		4
추천사		5
1장	마이크로비트 V1, V2 알아보기	8
2장	마퀸 조립하기	18
3장	마퀸 동작하기	26
4장	마퀸으로 라인 따라 움직이기	38
5장	마퀸으로 장애물 피하기	48
6장	마퀸으로 서보모터 제어하기	56
7장	라디오 통신으로 마퀸 조정하기	62
8장	라디오 통신으로 게임하기	70
9장	마퀸에 허스키렌즈 추가하기	86
10장	마퀸과 허스키렌즈로 사물 인식하기	102
11장	마퀸플러스 V2 조립하기	114

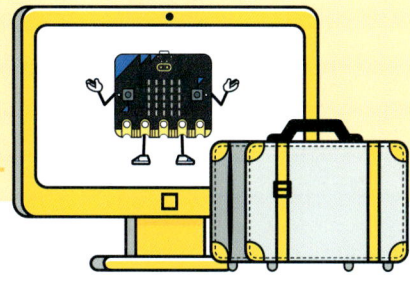

12장	마퀸플러스 V2 동작하기	122
13장	마퀸플러스 V2로 라인 따라 움직이기	130
14장	마퀸플러스 V2 파츠 활용하기 1 (Loader & Beetle)	150
15장	마퀸플러스 V2 파츠 활용하기 2 (Forklift & Rotating Forklift)	170
16장	마퀸플러스 V2 파츠 활용하기 3 (Liftable Mechanical Beetle)	190
17장	마퀸플러스 V2에 허스키렌즈 추가하기	204
18장	마퀸플러스 V2와 허스키렌즈로 라인 따라 움직이기	218
19장	마퀸플러스 V2와 허스키렌즈로 색깔 인식하기	232
20장	Mind+ 로 마이크로비트 코딩하기	240
21장	허스키렌즈 설정 및 펌웨어 업데이트 하기	250

1장

마이크로비트 V1, V2 알아보기

| 🔍 마이크로비트 V2 알아보기 | 학습 목표 |

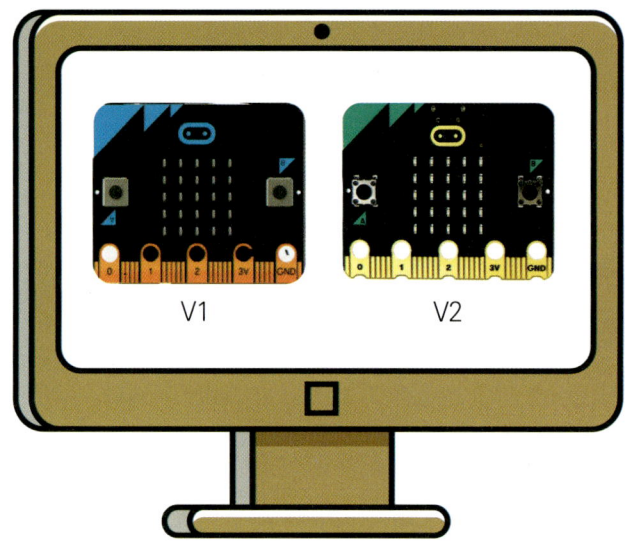

V1   V2

프리뷰	마이크로비트는 2016년부터 영국 bbc 방송의 지원을 받아 영국 학생들에게 코딩교구로 보급되었습니다. 크기가 작아서 학생들이 다루기가 쉽고, 블록코딩과 텍스트코딩을 다 할 수 있다는 장점이 있습니다. 다양한 메이킹 활동을 통한 확장성이 커서 현재는 코딩교육에 많이 활용되고 있습니다. 현재 마이크로비트는 V1 버전에서 2020년 11월 V2 버전으로 업그레이드 되었습니다. 2023년 1월 기준 가장 최신 버전 V2.21입니다. 마이크로비트 V1, V2에 대해 알아볼까요?
핵심 키워드	마이크로비트
준비물	마이크로비트, 케이블, USB 데이터 케이블
학습 시간	하드웨어 설정하기: 5분 / 소프트웨어 코딩하기: 5분
학습 난이도	★☆☆☆☆

① 마이크로비트 V2 준비하기

마이크로비트 V1 버전의 기본 기능과 V2의 업그레이드 기능에 대해 알아봅시다.

마이크로비트 V1 버전 기본기능

① 25개의 LED가 있는 LED 매트릭스입니다.

② A, B 두 개의 버튼은 총 세 개의 입력신호를 처리할 수 있습니다.

③ I/O 핀, 3V, GND는 다양한 외부 하드웨어와 외부기기의 전원을 공급받을 수 있게 연결할 수 있습니다. 다양한 확장보드 및 마퀸, 마퀸플러스 V2 본체와 연결할 때 사용합니다.

④ 블루투스 통신은 다른 마이크로비트, 스마트폰, 노트북 등과 신호를 주고받을 수 있습니다.

⑤ 마이크로컨트롤러는 플래시메모리가 내장되어 있으면서, 온도센서가 있습니다.

⑥ 자기센서가 있어 방위를 나타낼 수 있으며, 가속도센서도 있어서 속도변화도 감지할 수 있습니다.

⑦ 마이크로 USB포트는 전원을 공급하거나 컴퓨터와 연결할 때 사용합니다. 컴퓨터와 연결되었을 때는 외부저장소로 인식됩니다.

⑧ 리셋 버튼은 마이크로비트에 저장된 프로그램을 다시 실행할 때 사용합니다.

⑨ 배터리 커넥터는 배터리팩을 연결하여 사용할 수 있습니다.

마이크로비트 V2 버전 업그레이드 기능

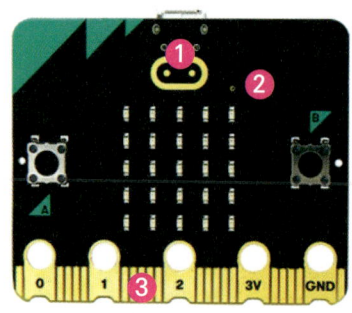 

① 로고에 터치센서 기능이 있습니다.

② 마이크 기능이 탑재되었습니다.

③ 엣지 커넥터 부분은 악어집게 사용이 편리하도록 노치로 디자인이 변경되었습니다.

④ 블루투스 4.0에서 블루투스 5.0으로 업그레이드되었습니다.

⑤ 보드에 스피커가 추가되었습니다.

⑥ 리셋 버튼이 업그레이드되어 온오프스위치 기능(버튼을 길게 누르면 전원이 꺼짐)도 추가되었습니다.

⑦ LED로 전원을 표시해줍니다.

더불어 프로세서, 메모리, 연결 액세서리 전류량도 크게 업그레이드되었습니다.

제품이미지		
제품명	micro:bit V1.5 version	micro:bit V2.xx version
프로세서	Nordic semiconductor nrf51822	Nordic semiconductor nrf52833
RAM	256KB Flash 16KB RAM	512KB Flash 128KB RAM
외형메모리	NXP KL26Z 16KB RAM	NXP KL27Z 32KB RAM
마이크	X	MEMS microphone with LED indicator
스피커	X	Onboard speaker
터치로고	X	Onboard Logo
확장포트	25pin / 3개의 전용 GPIO	25pin / 4개의 전용 GPIO
	PWM, I2C, SPI	
무선통신	2.4GHz / bluetooth 4.0	2.4GHz / bluetooth 5.0
전원	Micro USB 5V / 3.3V 배터리 박스	
소비전력	90mA	200mA
모션센서	ST LSM303	
소프트웨어	C++, Makecode, Python	

② 메이크코드 접속하기

마이크로비트는 엔트리, 스크래치, 마인드플러스 등등 여러 프로그램과 호환이 되지만, 여기서는 기본 프로그램인 메이크코드를 활용해서 코딩하겠습니다.

1. 크롬브라우저를 실행합니다.
2. 주소창에 '메이크코드' 홈페이지 주소(https://makecode.microbit.org/)를 입력합니다.

 한글로 안 보일 경우는?

화면 위쪽에 톱니바퀴 모양을 누르고, 언어 선택 메뉴를 클릭해서 언어를 바꾸시면 됩니다.

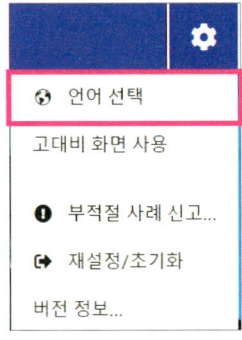

1장 마이크로비트 V1, V2 알아보기 **11**

③ 프로그램 다운로드하기

메이크코드에서 코딩을 한 다음 마이크로비트로 프로그램을 다운로드하겠습니다.
우선 LED 매트릭스 제어를 코딩하겠습니다.

1. 메이크코드에 접속하면 내 프로젝트 메뉴 중 새 프로젝트 아이콘을 클릭합니다.
2. 프로젝트명에 '1_LED매트릭스제어'라고 적고, 생성 버튼을 클릭합니다.

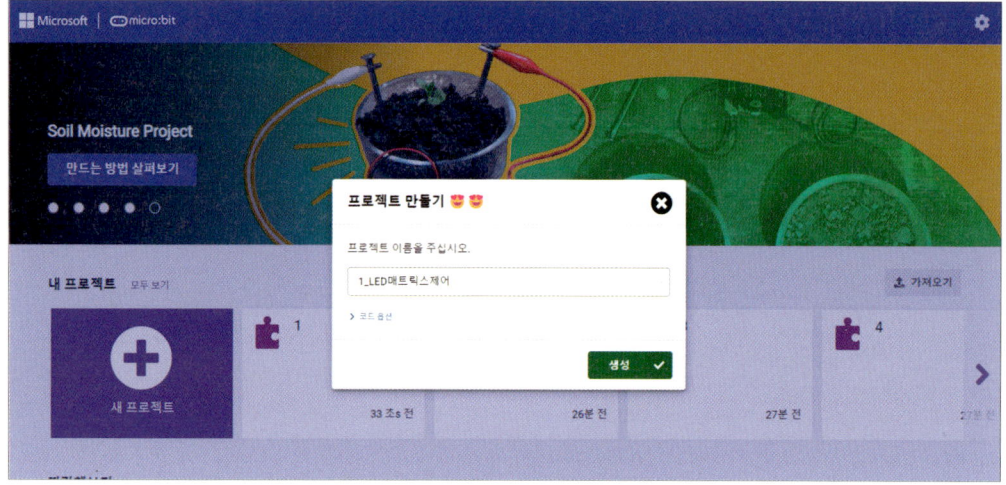

 **여기서 잠깐!** 메이크코드의 기능을 살펴봅시다.

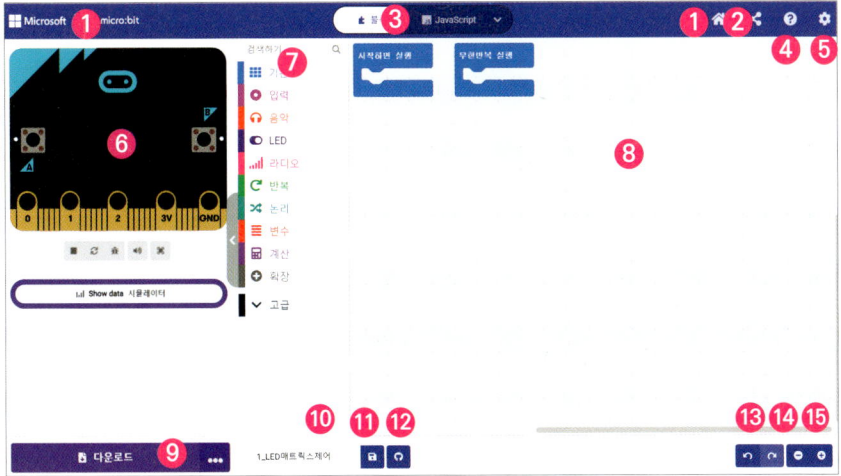

❶ 처음 화면으로 이동하기 버튼입니다.
❷ 프로젝트를 공유할 수 있는 링크를 생성해주는 버튼입니다.
❸ 블록코딩, 텍스트코딩 두 가지 방식으로 코드를 변환 할 수 있는 버튼입니다.
❹ 메이크코드 편집기 사용에 관한 도움말 버튼입니다.
❺ 환경설정 버튼입니다.
❻ 시뮬레이터로 마이크로비트의 동작을 미리 확인할 수 있습니다.
❼ 명령블록꾸러미를 이용해서 프로그래밍 할 수 있으며, 고급블록을 선택하면 더 다양한 블록을 활용할 수 있습니다.
❽ 블록을 옮겨서 코딩하는 곳입니다.
❾ 다운로드 버튼은 작성한 프로그램을 내 컴퓨터에 다운로드를 하거나, 장치페어링을 통해 마이크로비트에 바로 다운로드할 때 사용합니다.
❿ 파일 이름을 설정 및 변경하는 곳입니다.
⓫ 저장 버튼은 내 컴퓨터에 다운로드만 할 수 있습니다.
⓬ 깃허브(GitHub)에 코드를 저장할 수 있는 기능을 제공합니다.
⓭ 되돌리기 버튼입니다.
⓮ 다시 되돌리기 버튼입니다.
⓯ 축소, 확대할 수 있는 버튼입니다.

3. 명령블록꾸러미에서 기본블록꾸러미를 선택하고, 아이콘 출력 블록을 팔레트에 드래그해서 무한반복 실행 블록에 '딸각' 소리와 함께 연결합니다.

4. 기본블록꾸러미에서 블록을 선택하고 일시중지 100ms 블록을 드래그해서 아이콘 출력 블록 밑에 연결합니다. "100ms"를 "1000ms"로 변경합니다.

5. 3번, 4번을 다시 한번 반복합니다. 이때 3번 아이콘 출력의 모양을 바꿔봅니다.

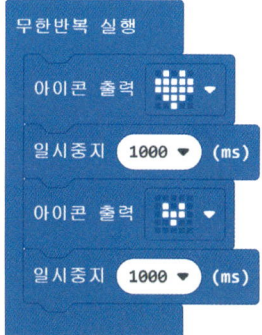

마이크로비트에서는 정밀한 시간 측정을 위해서 밀리초라는 단위를 사용합니다. 밀리초는 1/1,000초를 의미합니다. 따라서 0.1초는 100ms, 1초는 1,000ms가 됩니다.

6. 시뮬레이터에서 마이크로비트의 동작을 확인할 수 있습니다.

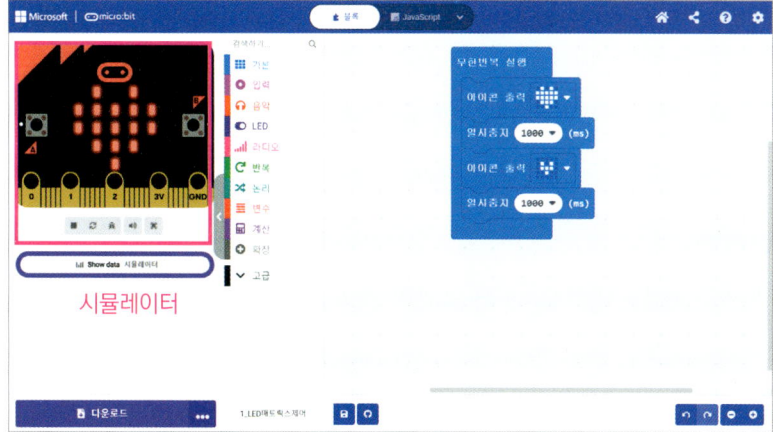

7. 다운로드 버튼을 누르면 내 컴퓨터에 microbit-1_LED매트릭스제어.hex 라는 파일로 저장이 됩니다.

8. 마이크로비트와 컴퓨터를 USB 데이터 케이블과 연결합니다.

9. 내 컴퓨터에 microbit-1_LED매트릭스제어.hex 라고 다운로드된 파일을 복사해서 마이크로비트와 연결된 드라이브에 옮겨 줍니다.

10. 마이크로비트의 LED 매트릭스에 큰 하트 아이콘이 켜지고, 작은 하트 아이콘이 반복적으로 보이는 것을 확인하실 수 있습니다.

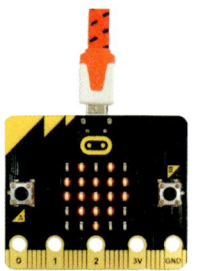

 **Web USB를 이용하여 마이크로비트로 바로 전송하기**

1. 편집창 아래의 다운로드 버튼 옆 … 을 클릭해 "Connect device"를 실행합니다.

2. 팝업창 안내에 따라 "다음" 버튼을 클릭합니다.

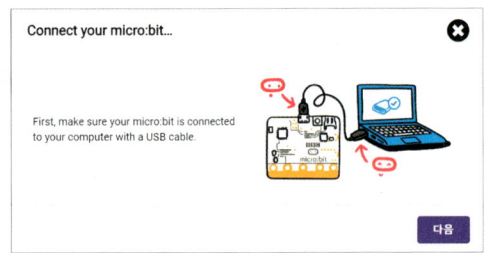 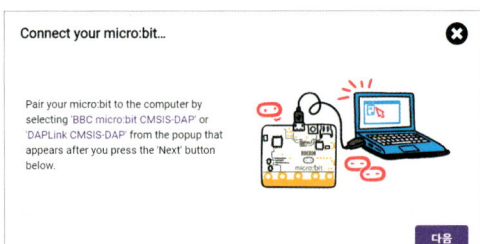

3. 팝업창에서 마이크로비트를 선택 후 "연결"을 클릭합니다.

리스트에 마이크로비트가 나타나지 않는다면 마이크로비트의 펌웨어를 최신으로 업데이트 해주세요.

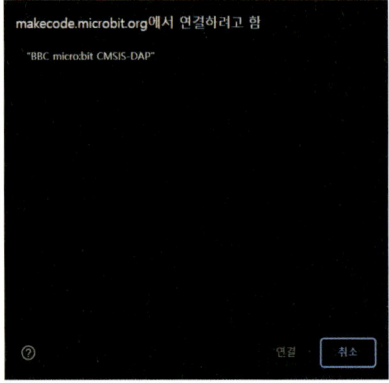

4. 마지막 팝업창을 닫으면 편집창 아래의 다운로드 버튼이 변경된 것을 확인할 수 있습니다.

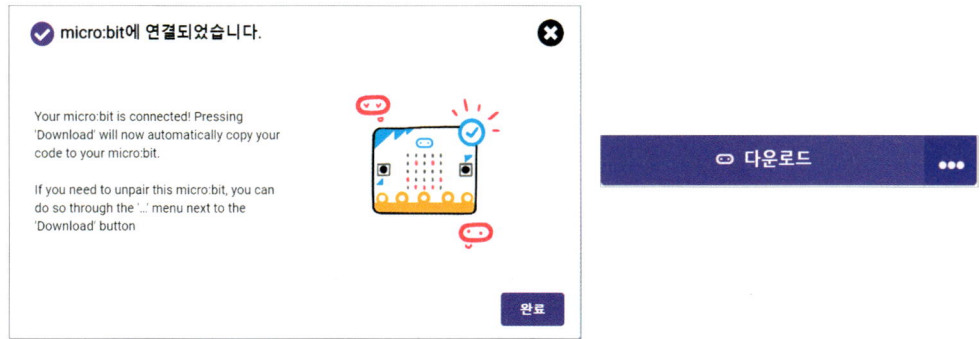

 **주의사항**

1. 마이크로비트가 과열될 수 있습니다.

: USB 데이터 케이블로 컴퓨터 연결하면서 동시에 배터리팩을 연결하고 전원을 ON 하면, 마이크로비트에 과전류가 흘러서 마이크로비트가 과열될 수 있습니다. 반드시 배터리팩은 OFF로 두시고, 되도록이면 USB 데이터 케이블 분리 후 배터리팩을 연결할 것을 권해 드립니다.

2. 물에 닿으면 고장이 납니다.

: 마이크로비트는 전자부품이라 물에는 취약합니다. 물에 닿으면 부품이 망가질 수 있으니 주의바랍니다.

3. 스크래치에 주의합니다.

마이크로비트 하단의 금속 부분은 다른 부품과 연결하거나, 확장보드에 부착할 때 사용됩니다. 훼손이 심하면 정상적인 동작이 어려우니 긁히지 않도록 주의해주세요.

2장

마퀸 조립하기

🔍 마퀸을 조립합니다.   **학습 목표**

프리뷰	스스로 움직이는 자동차 운전자가 차량을 운전하지 않아도 스스로 움직이는 자동차, 자율 주행 자동차. 영화에서나 볼 수 있었던 자율 주행 자동차가 최근 자동차 기술이 발전하면서 현실화되고 있습니다. 자동차가 운전자 없이 스스로 움직이기 위해서는 다양한 기술이 필요합니다. 그래서 자율 주행 자동차를 개발하기 위해 자동차 기업뿐만 아니라 다양한 분야에서 자율 주행 기술을 개발하고 있습니다. 마퀸을 이용하여 자율 주행차를 만들어 보겠습니다.
핵심 키워드	마이크로비트
준비물	마이크로비트, 마퀸 키트, USB 데이터 케이블, AAA 건전지 3개
학습 시간	하드웨어 설정하기: 15분 / 소프트웨어 코딩하기: 0분
학습 난이도	★☆☆☆☆

마퀸 준비하기

우리도 마이크로비트와 마퀸을 이용해서 자율 주행 자동차를 만들어 보겠습니다.

조그맣고 단순하지만 많은 일을 할 수 있는 RC카, 마퀸.
마퀸의 메인보드에는 여러 가지 센서와 출력장치가 포함되어 있습니다.
라인 트래킹이 가능한 라인 트래킹 센서, 사물 인식이 가능한 초음파 센서, 적외선 수신 센서 등이 있습니다. 그리고 바퀴를 움직이게 하는 모터, 소리를 내는 부저, 2개의 LED와 4개의 RGB 등 출력장치들이 부착되어 있습니다.

앞으로 여러 기능을 갖춘 마퀸으로 다양한 활동들을 해보도록 하겠습니다.

② 마퀸 구조 알아보기

앞면

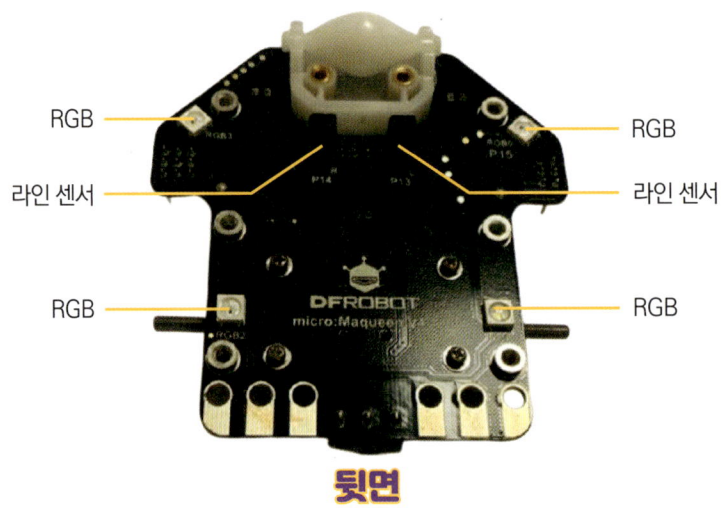

뒷면

③ 교구 준비하기

이제 마퀸 조립에 필요한 교구들을 살펴보겠습니다.

준비물

마이크로비트, 마퀸 키트, USB 데이터 케이블, AAA 건전지 3개

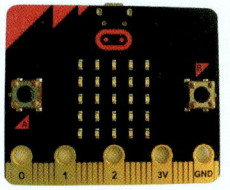 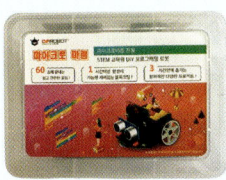  

마퀸 키트 내용물

2장 마퀸 조립하기 **21**

④ 마퀸 조립하기

마퀸 조립하는 데 필요한 교구들이 모두 준비되었습니다.
자, 이제 마퀸을 조립해 보도록 하겠습니다.
차근차근 따라해 보세요.

1. 바퀴 조립하기

플라스틱 휠의 홈과 바퀴의 홈을 잘 맞춰서 조립합니다.

2. 마퀸 본체에 바퀴를 조립하기

본체와 바퀴를 끼울 때 일자로 깎인 홈을 맞춰서 조립합니다.

3. 배터리 팩을 본체에 부착하기

배터리팩 뒷면에 양면 테이프를 부착합니다.

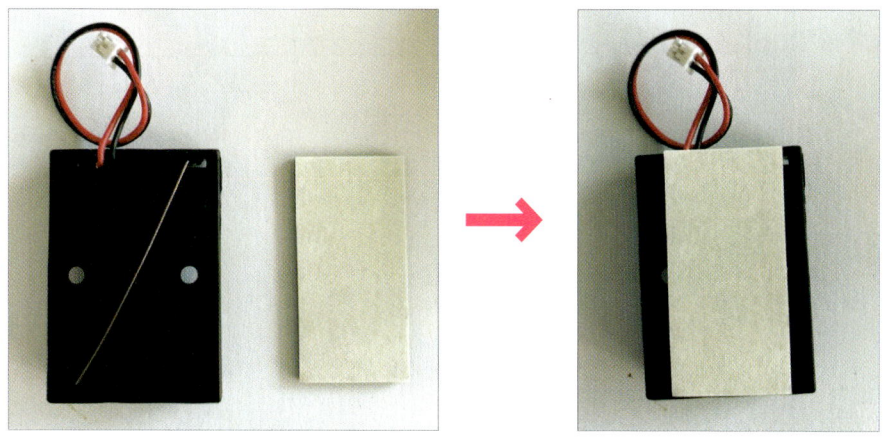

배터리팩 소켓의 홈과 본체 파워 소켓의 홈을 맞추어 끼워 줍니다.

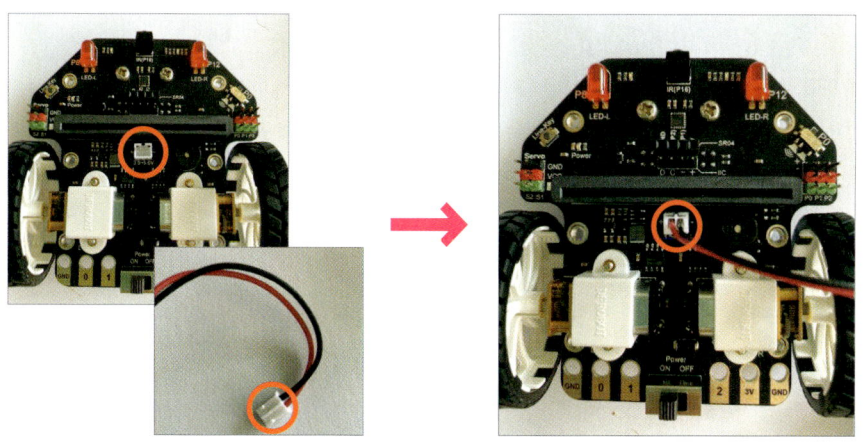

배터리팩을 모터 위에 붙여 줍니다.

4. 마이크로비트를 본체에 꽂아 줍니다.

마이크로비트가 정면을 향하도록 본체의 마이크로비트 슬롯에 꽂아 줍니다.

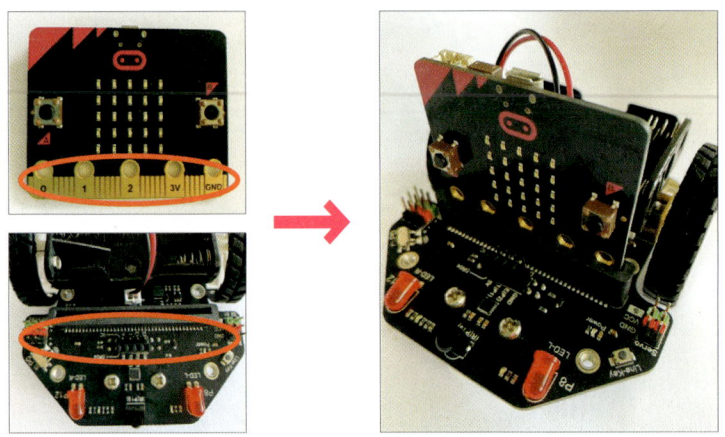

5. 초음파 센서와 본체를 조립해 줍니다.

초음파 센서가 정면을 향하도록 본체에 꽂아 줍니다.

4개의 핀의 순서와 본체가 일치하도록 꽂아 줍니다.

(Vcc-5v, Trig-T(P-1), Echo-E(p-2), Gnd-GND)

마퀸 조립 어렵지 않죠?

2장에서는 마퀸 구조와 필요한 교구들을 살펴보고 조립까지 해 보았습니다.

앞으로 마퀸 보드에 부착되어 있는 센서와 부품의 기능들을 하나씩 알아보고,

마퀸을 동작시켜 보도록 하겠습니다.

memo

3장

마퀸 동작하기

🔍 마퀸을 동작시켜 봅니다.　　　**학습 목표**

프리뷰	마퀸의 바퀴를 움직이는 모터에 대해 알아보고 소리를 출력하는 피에조 부저에 대해 알아보겠습니다.
핵심 키워드	마이크로비트, 모터, 피에조 부저
준비물	마이크로비트, 마퀸 키트, USB 데이터 케이블, AAA 건전지 3개
학습 시간	하드웨어 설정하기: 5분 / 소프트웨어 코딩하기: 15분
학습 난이도	★☆☆☆☆

모터와 부저 알아보기

1. 모터란?

모터란 전기 에너지로부터 회전력을 얻는 동력 기계입니다.

모터는 우리 주위에 흔하게 사용되고 있는 꼭 필요한 전자 부품으로 선풍기의 날개를 움직이게 하는 부품을 예로 들 수 있습니다.

모터는 입력되는 전기 종류에 따라 AC모터(교류 모터: 가정용 콘센트), DC모터(직류 모터: 배터리)로 분류할 수 있는데 마퀸은 2개의 DC모터를 사용하여 바퀴를 움직입니다.

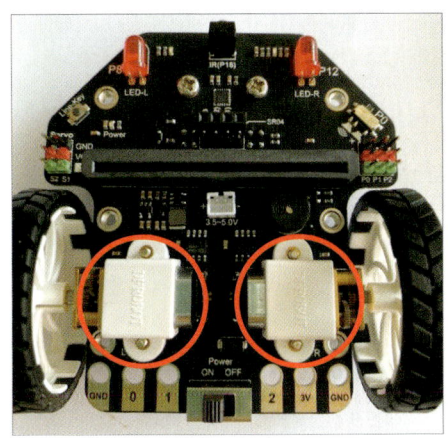

2. 피에조 부저란?

피에조 부저란 전기적 신호를 주었을 때 부저 내 압전체가 수축하거나 확장하는 효과를 이용하여 소리를 내는 작은 스피커입니다.

피에조 부저는 코드상에서 소리의 음량을 제어할 수 없고 자칫 잘못하면 소음을 일으킬 수 있지만, 값이 싸고 사용이 단순하기 때문에 장난감이나 휴대용 게임기, 버스부저 등에서 사용됩니다.

마퀸 보드에는 한 개의 피에조 부저가 부착되어 있으며 이를 통해 소리를 냅니다.

2 코딩하기

마퀸이 직진, 정지, 후진, 좌회전, 우회전하도록 코딩합니다.
좌회전, 우회전할 때 소리가 나도록 코딩합니다.

1. MakeCode 편집기를 실행합니다. [URL] https://makecode.microbit.org/
2. 프로젝트 이름을 "3_마퀸동작하기.hex"으로 저장하고 새 프로젝트를 생성합니다.

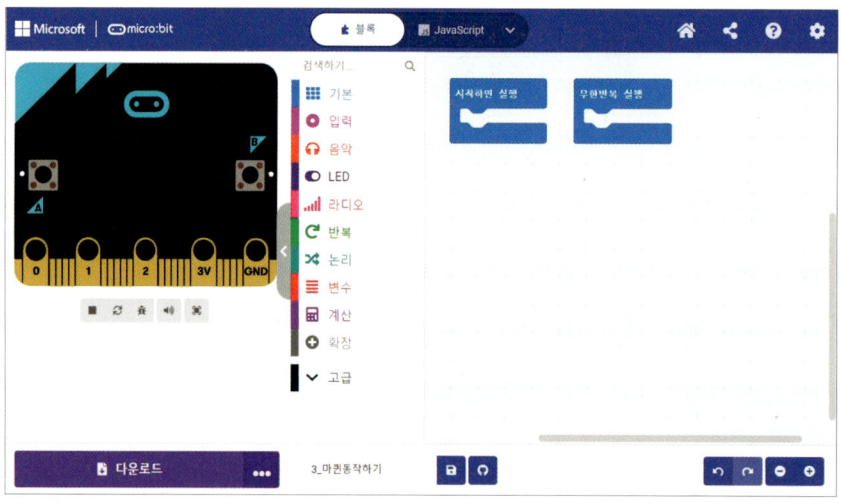

3. 확장 → "maqueen"으로 검색하여 추가합니다.

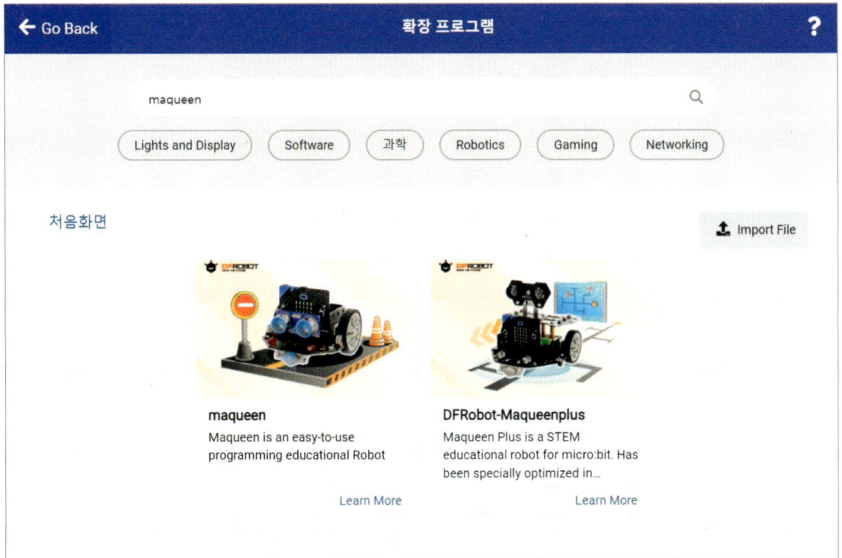

4. IR 블록과 Maqueen 블록이 추가되었습니다.

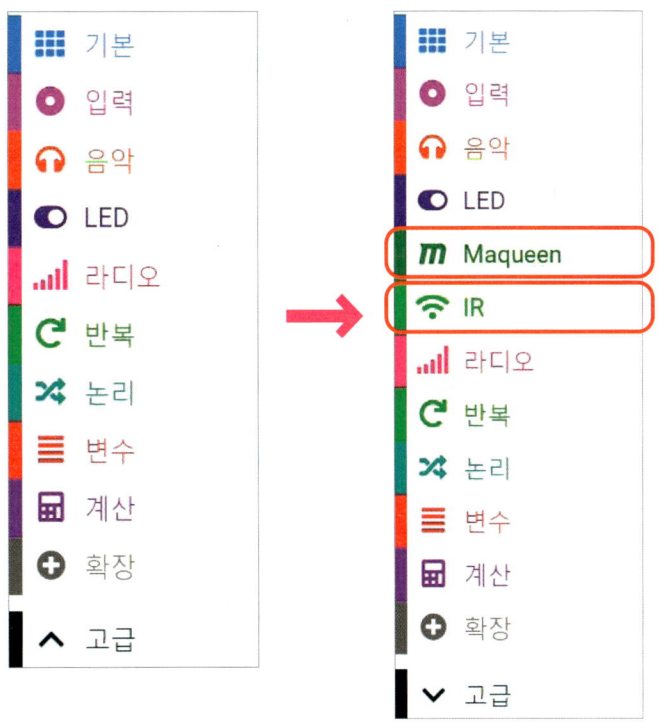

IR 블록과 Maqueen 블록을 살펴보면

본격적으로 코딩을 해보도록 하겠습니다.

5. 시작하면 실행 블록에 기본 - 아이콘 출력 ♥ 블록을 추가하고
   기본 - 일시중지 1초 블록을 추가합니다.

6. Maqueen - motor left move Forward at speed 0 블록을 추가한 후
   "left" → "all"로 변경하고 "0" → "255"로 변경합니다.
   기본 - 일시중지 2초 블록을 추가합니다.

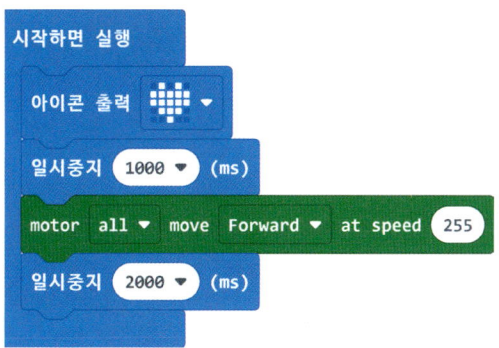

7. Maqueen - motor left stop 블록을 추가한 후 "left" → "all"로 변경합니다.
   기본 - 일시중지 1초 블록을 추가합니다.

8. `Maqueen - motor left move Forward at speed 0` 블록을 추가한 후, "left" → "all"로 변경, "Foward" → "Backward"로 변경, "0" → "255"로 변경합니다.

`기본 - 일시중지 2초` 블록을 추가합니다.

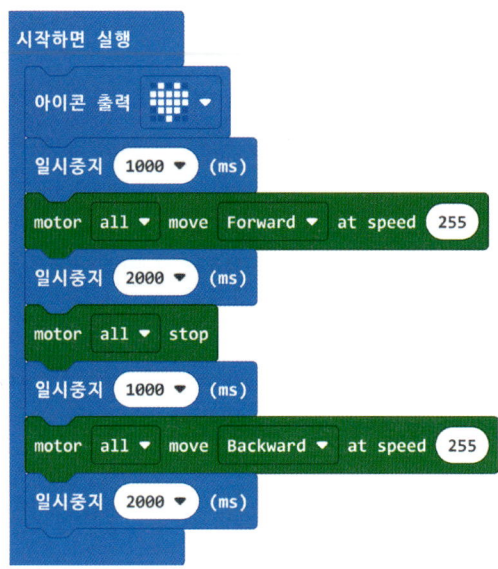

9. `Maqueen - motor left stop` 블록을 추가한 후, "left" → "all"로 변경합니다.

`기본 - 일시중지 1초` 블록을 추가합니다.

10. Maqueen - motor left move Forward at speed 0 블록을 반복 블록에 추가한 후, "left" → "right"로 변경, "0" → "100"으로 변경합니다.

음악 - 도 1박자 출력 블록을 추가한 후, "도" → "미"로 변경합니다.

기본 - 일시중지 1초 블록을 추가합니다.

11. Maqueen - motor left stop 블록을 추가한 후, "left" → "all"로 변경합니다.
    기본 - 일시중지 1초 블록을 추가합니다.

12. Maqueen - motor left move Forward at speed 0 블록을 반복 블록에 추가한 후, "0" → "100"으로 변경합니다.

음악 - 도 1박자 출력 블록을 추가한 후, "도" → "솔"로 변경합니다.

기본 - 일시중지 1초 블록을 추가합니다.

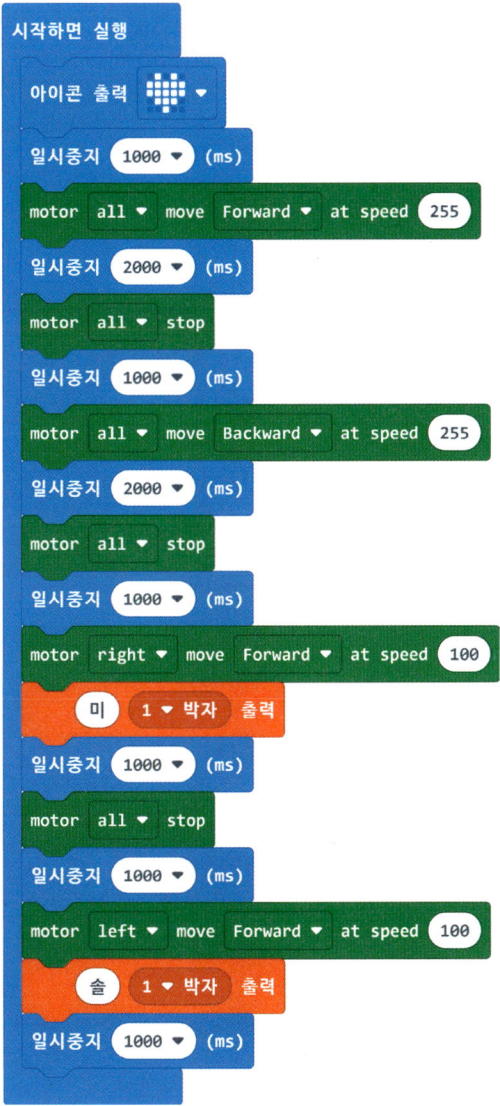

13. `Maqueen` - `motor left stop` 블록을 추가한 후, "left" → "all"로 변경합니다.

    `기본` - `일시중지 1초` 블록을 추가합니다.

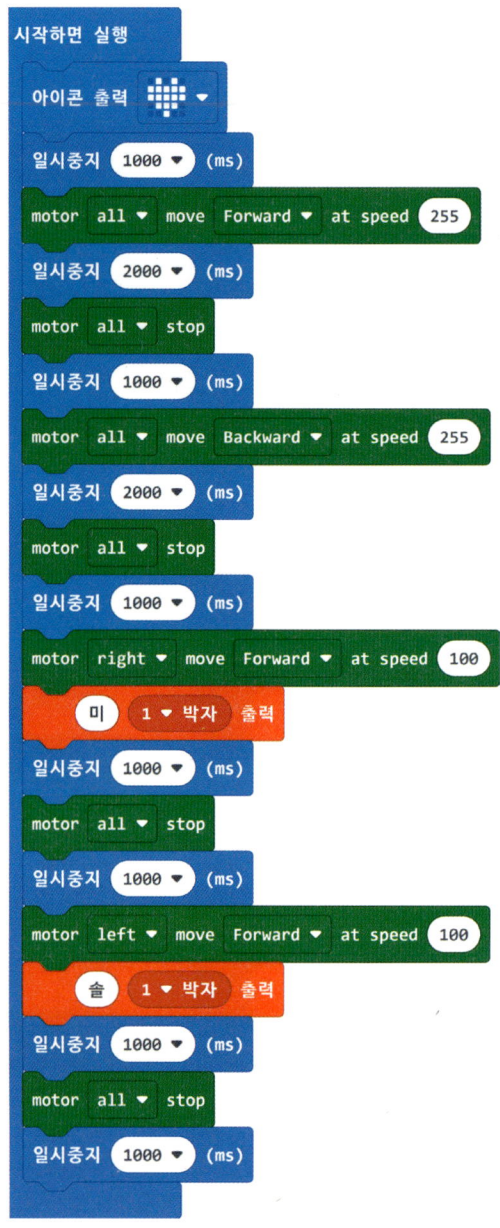

14. 완성된 파일을 마이크로비트에 다운로드합니다.

 **마이크로비트 V2 이용 시 마퀸으로 사운드 출력 방법**

V1 마이크로비트로 마퀸 동작 시 사운드는 마퀸 내장 부저를 사용하여 출력되지만
V2 마이크로비트로 마퀸 동작 시에는 V2 마이크로비트의 내장 부저로 사운드가 출력됩니다.

마퀸의 부저를 사용하기 위해서는 음악 블록의 내장 스피커 끄기 블록을 사용하여
마이크로비트 V2 내장 스피커를 OFF 시킨 후 사운드를 출력하면 됩니다.

 활동하기

마퀸을 동작시켜 봅니다.

프로그램 실행 시 소리가 나지 않을 때는 마퀸 보드 우측상단의 P0 버튼을 확인해 주세요!

 마무리하기

마퀸이 전진, 후진, 멈추기, 좌회전, 우회전을 제대로 작동하는지 확인해 봅니다.
좌회전, 우회전 시 소리가 제대로 출력되는지 확인해 봅니다.

이건 어떨까요? 이 프로젝트를 잘 이해했다면 다음 문제를 풀어 보세요.

- 후진 시 좌회전, 우회전하도록 수정해 보세요.
- 움직일 때마다 소리 나도록 수정해 보세요.

4장

마퀸으로
라인 따라 움직이기

🔍 마퀸 라인 트래킹 센서를 이해합니다. **학습 목표**

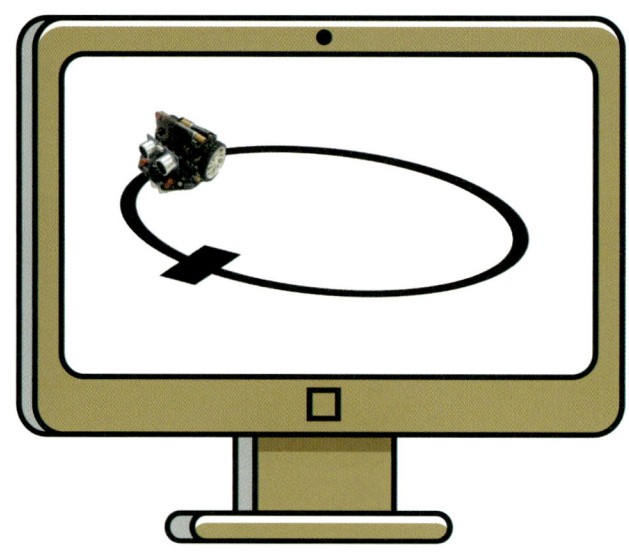

프리뷰	라인 트래킹 센서에 대해 알아보고 라인을 따라 움직이는 라인 트레이서를 만들어 보겠습니다.
핵심 키워드	마이크로비트, 라인 트래킹 센서
준비물	마이크로비트, 마퀸 키트, USB 데이터 케이블, AAA 건전지 3개
학습 시간	하드웨어 설정하기: 5분 / 소프트웨어 코딩하기: 20분
학습 난이도	★★☆☆☆

1 라인 트래킹 센서 알아보기

1. 라인 트래킹 센서란?

라인 트래킹 센서는 적외선을 이용한 센서입니다. 라인 트래킹 센서에는 적외선 빛을 발생시키는 LED와 반사된 적외선을 감지하는 포토트랜지스터로 구성되어 있습니다. 적외선 LED에서 나오는 적외선이 물체에 반사되어 들어오면 포토트랜지스터가 감지합니다.

이때 감지된 적외선이 검정색일 때는 0, 흰색일 때는 1의 센서 값을 반환하여 라인 트래킹이 가능하게 됩니다.

마퀸의 경우 밑면에 2개의 라인 트래킹 센서가 부착되어 있어서 검정색 선을 감지하고 있습니다. 이 검정색 선에 의해 마퀸이 라인을 따라 주행이 가능하게 됩니다.

2. 라인 트래킹 센서가 2개인 이유?

라인 트래킹 센서가 2개인 이유는 2개의 센서 사이에 검정색 선이 들어가는데, 2개의 라인 트래킹 센서가 검정색 선을 감지할 때마다 좌회전, 우회전을 하게 됩니다.

1. 직진 신호

왼쪽 센서(Line-L)가 흰색(1)을 감지, 오른쪽 센서(Line-R)가 흰색(1)을 감지하면 직진합니다.

4장 마퀸으로 라인 따라 움직이기 **39**

2. 정지 신호

왼쪽 센서(Line-L)가 검정색(0)을 감지, 오른쪽 센서(Line-R)가 검정색(0)을 감지하면 정지합니다.

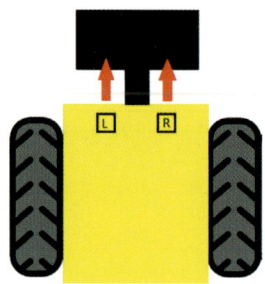

3. 좌회전 신호

왼쪽 센서(Line-L)가 검정색(0)을 감지, 오른쪽 센서(Line-R)가 흰색(1)을 감지하면 좌회전합니다.

4. 우회전 신호

왼쪽 센서(Line-L)가 흰색(1)을 감지, 오른쪽 센서(Line-R)가 검정색(0)을 감지하면 우회전합니다.

❷ 코딩하기

왼쪽 센서와 오른쪽 센서 값에 따라 직진, 정지, 좌회전, 우회전하도록 코딩합니다.

1. MakeCode 편집기를 실행합니다. [URL] https://makecode.microbit.org/
2. 프로젝트 이름을 "4_라인트레이서마퀸"으로 저장하고 새 프로젝트를 생성합니다.
3. 확장 → "maqueen"으로 검색하여 추가합니다.
4. IR 블록과 Maqueen 블록이 추가되었습니다.

5. 시작하면 실행 블록에 기본 - 아이콘 출력 ♥ 블록을 추가하고
   기본 - 일시중지 500ms 블록을 추가합니다.

6. 무한반복 실행 블록에 논리 - 만약(if) <참(true)>이면(then) 실행 아니면(else) 실행 블록을 추가한 후, + 버튼을 3번, 마지막 - 버튼을 1번 눌러 블록을 수정합니다.

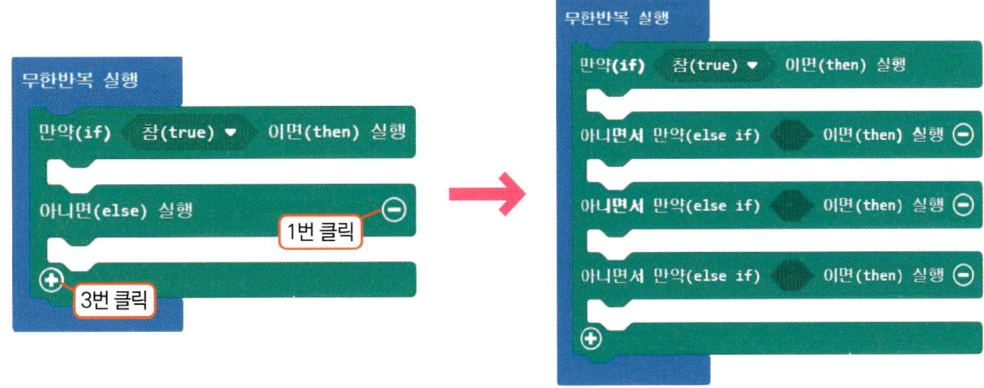

7. 논리 - <> 그리고 <> 블록과 논리 - 0 = 0 블록을 추가합니다.

   추가된 블록 중 <> 그리고 <> 블록의 〈 〉 부분에 0=0 블록을 넣어 줍니다.

   완성된 블록을 만약(if) <참(true)>이면(then) 실행 아니면(else) 실행 블록의 〈참〉 부분에 넣어 줍니다.

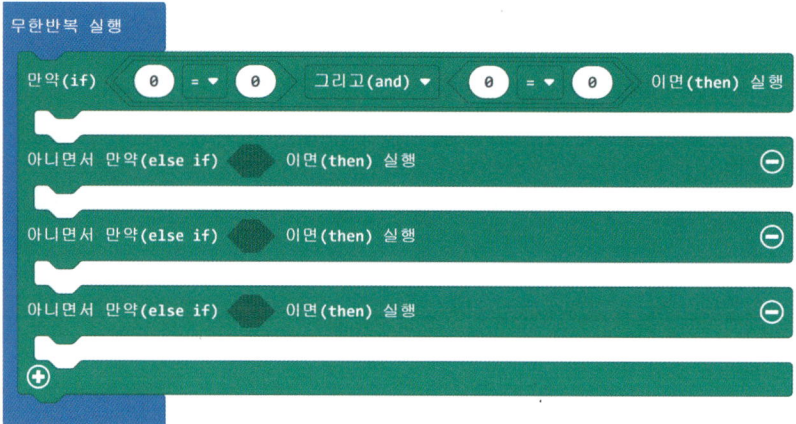

8. Maqueen - read left line tracking sensor 블록을 0 = 0 블록의 왼쪽 0 부분에 넣어 줍니다. <> 그리고 <> 블록의 앞뒤 모두 넣어 줍니다.

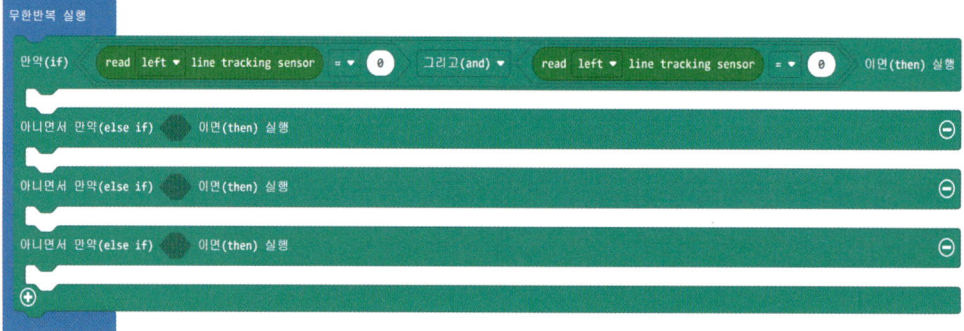

9. 첫번째 만약(if) <>이면(then) 실행은 직진 신호 조건 구문입니다.

   왼쪽 read left line tracking sensor = 0 블록의 0 → 1로 변경하고,

   오른쪽 read left line tracking sensor = 0 블록의 left → right로 변경, 0 → 1로 변경합니다.

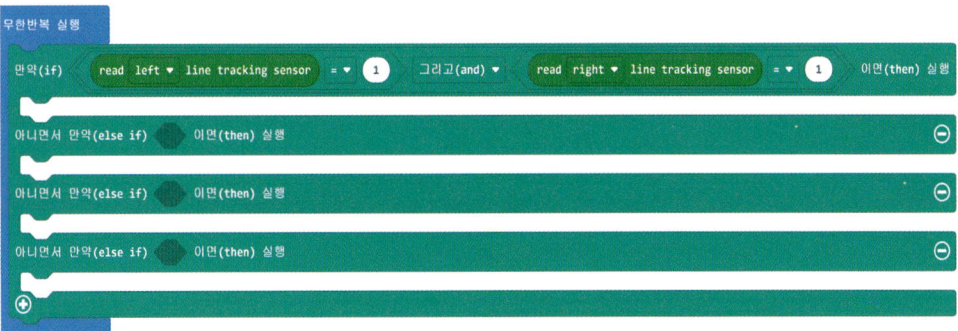

10. 두 번째 아니면서 만약(else if) <>이면(then) 실행은 정지신호 조건 구문입니다.

    9번의 완성된 블록을 복사하여 비어 있는 〈 〉에 넣어 줍니다.

    왼쪽 read left line tracking sensor = 1 블록의 1 → 0으로 변경하고,

    오른쪽 read right line tracking sensor = 1 블록의 1 → 0으로 변경합니다.

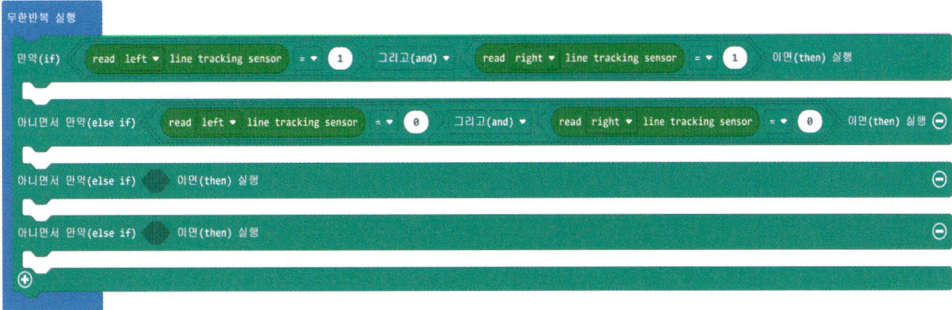

 블록 복사하는 방법

1. 복사하려는 블록에 마우스를 이동하면 화살표 모양이 펼쳐진 손 모양으로 바뀌면서 블록의 테두리가 하얗게 변합니다.

2. 이때 오른쪽 마우스를 클릭하면 펼쳐진 손 모양이 주먹 쥔 손 모양으로 바뀌고, 테두리는 노란색으로 변하고, 숨겨져 있던 메뉴가 나타납니다.

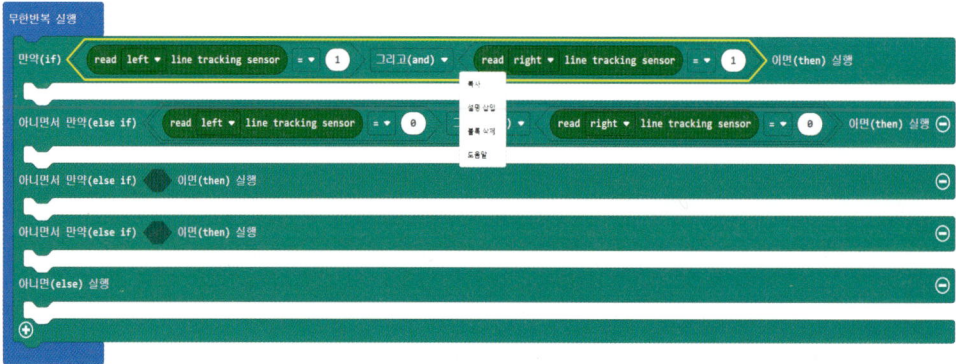

3. "복사" 메뉴를 클릭하면 해당 블록이 복사됩니다.

11. 세 번째 아니면서 만약(else if) <>이면(then) 실행 은 좌회전신호 조건 구문입니다.

    10번의 완성된 블록을 복사하여 비어 있는 < >에 넣어 줍니다.

    왼쪽 read left line tracking sensor = 0 블록은 그대로,

    오른쪽 read right line tracking sensor = 0 블록의 0 → 1로 변경합니다.

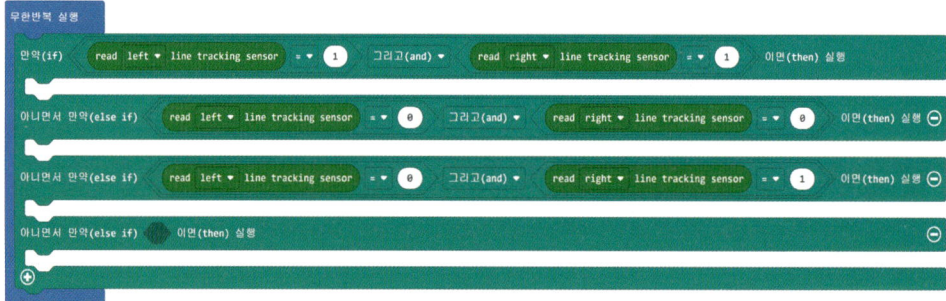

12. 네 번째 아니면서 만약(else if) <>이면(then) 실행은 우회전신호 조건 구문입니다.

11번의 완성된 블록을 복사하여 비어 있는 〈 〉에 넣어 줍니다.

왼쪽 read left line tracking sensor = 0 블록의 0 → 1로 변경하고,

오른쪽 read right line tracking sensor = 1 블록의 1 → 0으로 변경합니다.

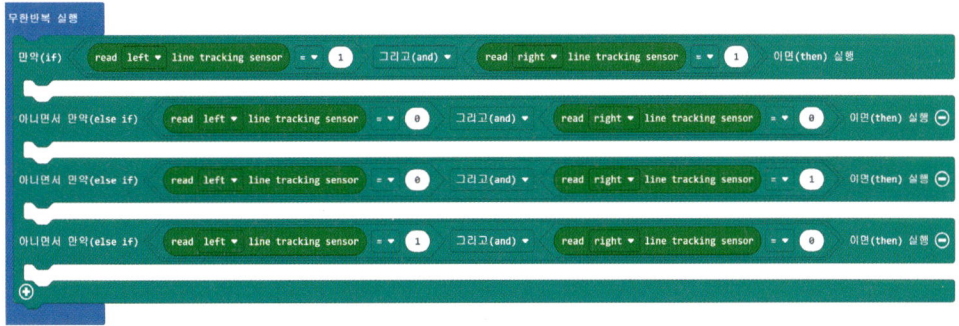

조건문의 4개의 조건 구문을 완성했습니다.

이제 각 조건문의 실행 구문에 맞는 코드를 작성해 보도록 하겠습니다.

13. 직진신호 실행 구문.

Maqueen - motor left move Forward at speed 0 블록을 실행 구문에 넣어 줍니다.

left → all, 0 → 25로 변경합니다.

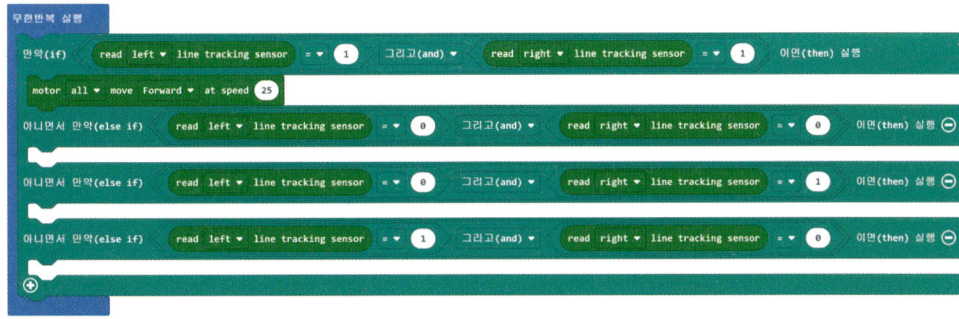

14. 정지신호 실행 구문.

Maqueen - motor left stop 블록을 실행 구문에 넣어 줍니다.

left → all로 변경합니다.

15. 좌회전신호 실행 구문.

Maqueen - motor left move Forward at speed 0 블록을 실행 구문에 2회 넣어 줍니다.

첫 번째 블록: Forward → Backward, 0 → 25로 변경

두 번째 블록: left → right, 0 → 25로 변경합니다.

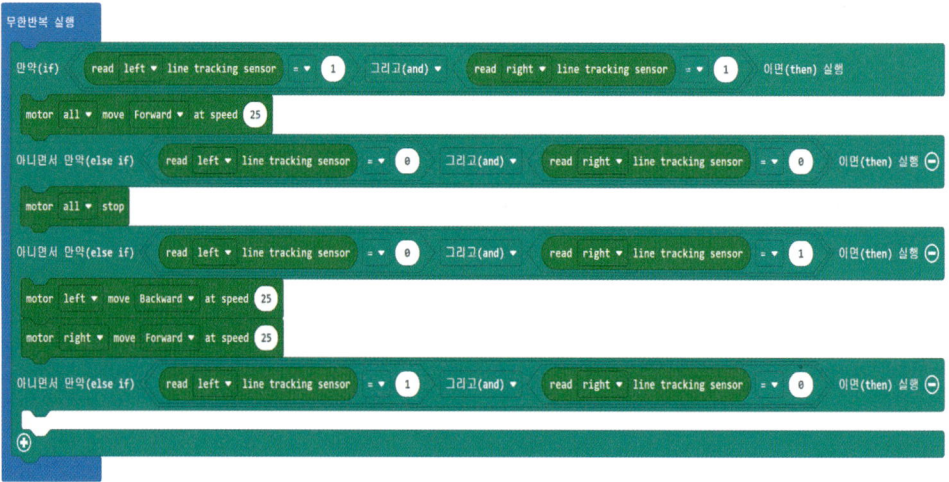

16. 우회전신호 실행 구문.

    Maqueen - motor left move Forward at speed 0 블록을 실행 구문에 2회 넣어 줍니다.

    첫 번째 블록: 0 → 25로 변경

    두 번째 블록: left → right, Forward → Backward, 0 → 25로 변경합니다.

17. 완성된 파일을 마이크로비트에 다운로드합니다.

 활동하기

유성 매직펜과 A4 용지를 이용해 트랙을 직접 그려 줍니다.

> 라인의 폭을 너무 크게 그리면 마퀸이 움직이지 않을 수 있습니다.
> 라인의 폭은 1cm 내외로 그려 주세요!

 마무리하기

마퀸이 라인을 따라 라인 트래킹을 제대로 작동하는지 확인해 봅니다.

이건 어떨까요? 이 프로젝트를 잘 이해했다면 다음 문제를 풀어 보세요.

- 속도를 조정하여 라인 트래킹을 해 봅니다.
- 직진, 정지 시 부저음을 내보도록 합니다.

5장
마퀸으로 장애물 피하기

🔍 초음파 센서를 이해합니다. | 학습 목표

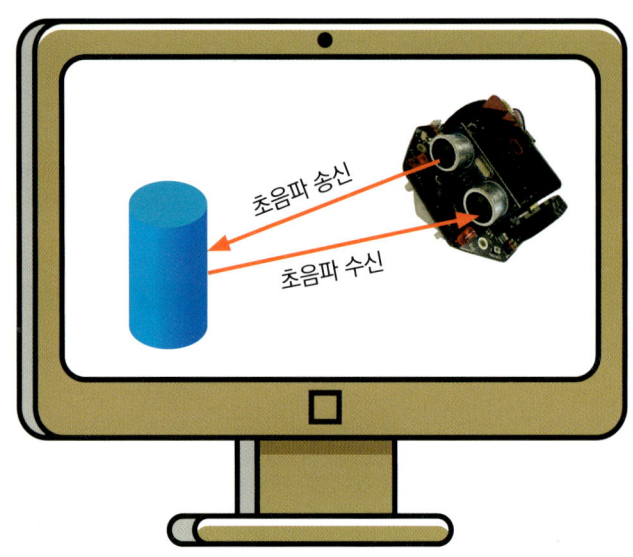

프리뷰	초음파 센서에 대해 알아보고 장애물을 피해 움직이는 자율 주행차를 만들어 보겠습니다.
핵심 키워드	마이크로비트, 초음파 센서
준비물	마이크로비트, 마퀸 키트, USB 데이터 케이블, AAA 건전지 3개
학습 시간	하드웨어 설정하기: 5분 / 소프트웨어 코딩하기: 15분
학습 난이도	★★☆☆☆

초음파 센서 알아보기

1. 초음파 센서란?

초음파란 인간이 들을 수 없는 높은 주파수를 말합니다. 마퀸은 이런 초음파를 감지하는 센서를 이용하여 사람의 눈처럼 장애물을 감지하여 멈추거나, 장애물을 회피하여 이동하도록 만들 수 있습니다.

초음파 센서에는 4개의 핀이 있는데, 왼쪽부터 Vcc, Trig, Echo, Gnd가 있습니다. Trig는 초음파를 보내는 수신부, Echo는 초음파를 받는 송신부입니다.

2. 초음파 센서의 원리

초음파 센서는 20kHz 이상의 초음파를 송신부(Trig)를 이용해서 송신하고, 물체에서 반사된 초음파를 수신부(Echo)를 통해 수신하게 됩니다. 이때 초음파를 보낸 시간과 반사되어 돌아온 시간을 측정하여 거리를 계산할 수 있습니다.

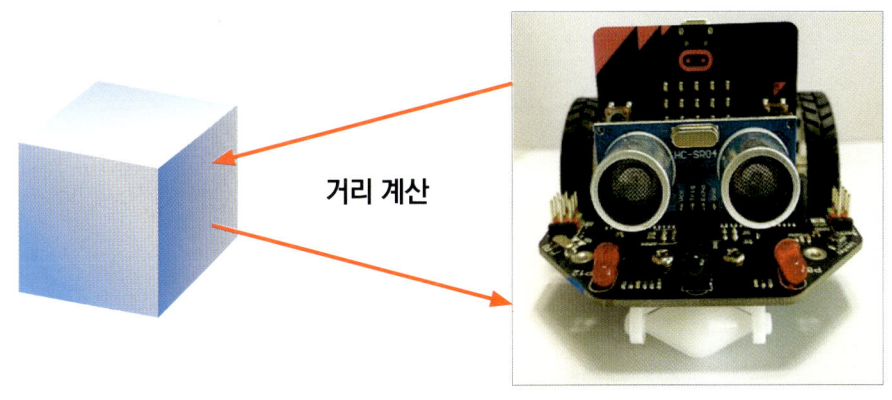

2 코딩하기

직진 중 장애물을 감지하면 장애물을 회피하여 움직이도록 코딩합니다.

1. MakeCode 편집기를 실행합니다. [URL] https://makecode.microbit.org/
2. 프로젝트 이름을 "5_장애물피하기마퀸"으로 저장하고 새 프로젝트를 생성합니다.
3. 확장 → "maqueen"으로 검색하여 추가합니다.
4. IR 블록과 Maqueen 블록이 추가되었습니다.

5. 시작하면 실행 블록에 기본 - 아이콘 출력 ♥ 블록을 추가하고
   기본 - 일시중지 1초 블록을 추가합니다.

6. 무한반복 실행 블록에
   Maqueen - motor left move Forward at speed 0 블록을 추가한 후,
   "left" → "all"로 변경하고 "0" → "100"으로 변경합니다.

7. 변수 - 변수 만들기 블록을 클릭합니다. 이때 새 변수 이름을 "거리"로 입력합니다.

8. 변수 - 거리에 0 저장 블록을 추가합니다.

9. Maqueen - read ultrasonic sensor cm 블록을 위의 추가된 블록의 0에 추가합니다.

10. 논리 - 만약(if) 참이면(then) 실행 블록을 추가합니다.

11. 논리 - <>그리고<> 블록을 조건구문에 추가합니다.

    논리 - 0=0 블록을 < >에 추가합니다.

12. 변수 - 거리 블록을 조건문의 비교구문에 추가합니다.

    이때 비교구문은 거리<10 그리고 거리≠0이 되도록 변경합니다.

> 초음파 센서가 장애물을 인지하고 멈추기까지 시간이 좀 걸려요!
> 초음파 센서가 장애물과 부딪히지 않도록 인지할 수 있는 거리를 적정하게 조정해 주세요~

13. Maqueen - motor left stop 블록을 추가한 후, "left" → "all"로 변경합니다.

    기본 - 일시중지 1초 블록을 추가합니다.

14. 논리 - 만약(if) 참이면(then) 실행 블록을 추가합니다.

논리 - 0=0 블록 조건문에 추가합니다.

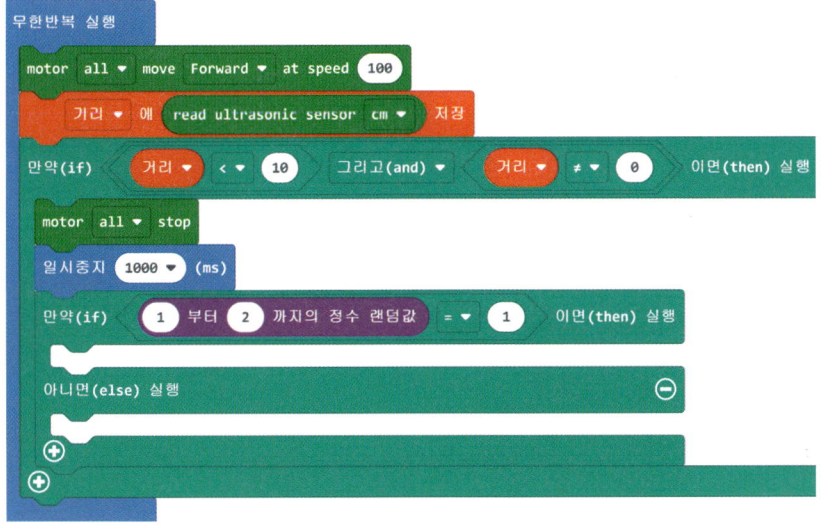

15. 계산 - 0부터 10까지의 정수 랜덤값 블록을 조건문의 비교구문에 추가합니다.

이때 비교구문은 "1부터 2까지의 정수 랜덤값=1"이 되도록 변경합니다.

16. Maqueen - moter left move Forward at speed 0 블록을 〈참〉 실행구문에 2번 추가합니다.

첫 번째 : "Forward" → "Backward"로 변경, "0" → "100"으로 변경

두 번째 : "left" → "right"로 변경, "0" → "100"으로 변경

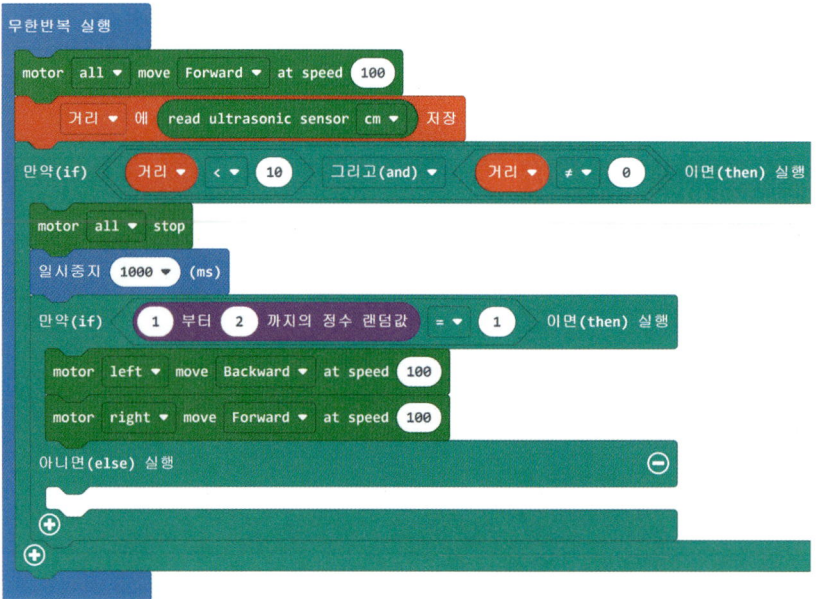

17. Maqueen - moter left move Forward at speed 0 블록을 〈거짓〉 실행구문에 2번 추가합니다.

첫 번째 : "0" → "100"으로 변경

두 번째 : "left" → "right"로 변경, "Forward" → "Backward"로 변경, "0" → "100"으로 변경

18. 기본 - 일시중지 100ms 블록을 if-else 블록 다음에 추가합니다. "100" → "500"로 변경합니다.

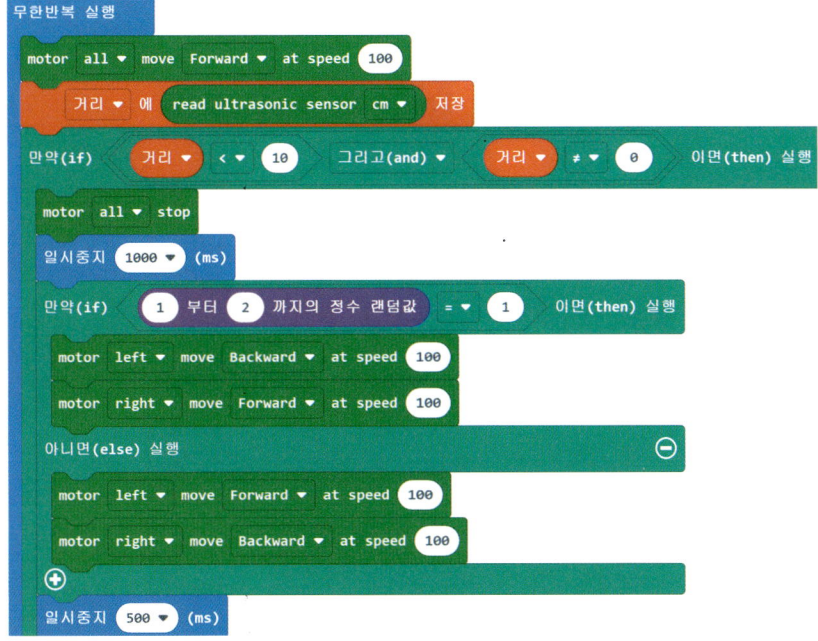

19. 완성된 파일을 마이크로비트에 다운로드합니다.

3 활동하기

지도 위에 장애물을 올려놓고 마퀸을 동작시켜 봅니다.

> 장애물 대신 손으로 마퀸을 막아도 돼요~

4 마무리하기

마퀸이 장애물을 피해 제대로 작동하는지 확인해 봅니다.

 **이 프로젝트를 잘 이해했다면 다음 문제를 풀어 보세요.**

- 초음파 센서가 인식하는 거리를 조정해 보세요.
- 마퀸의 속도를 조정해 보세요.

6장

마퀸으로 서보모터 제어하기

🔍 마퀸으로 서보모터를 제어해봅시다.　　**학습 목표**

프리뷰	마퀸으로 서보모터를 제어해서 주변을 청소할 수 있는 청소차를 만들어 볼까요?
핵심 키워드	마이크로비트, 서보모터, 청소차
준비물	마이크로비트, USB 데이터 케이블, 서보모터
학습 시간	하드웨어 설정하기: 15분 / 소프트웨어 코딩하기: 15분
학습 난이도	★★☆☆☆

서보모터 알아보기

1. 서보모터란?

일반적으로 사용하는 서보모터는 180도 각도 범위 안에서 움직이며, 각도는 조절이 가능합니다. 각도가 180도라는 범위가 정해져 있어서 단순한 움직임에 사용하기 좋습니다.

 코딩하기

마퀸이 움직이면서 서보모터를 돌려 주변을 청소할 수 있도록 합니다.

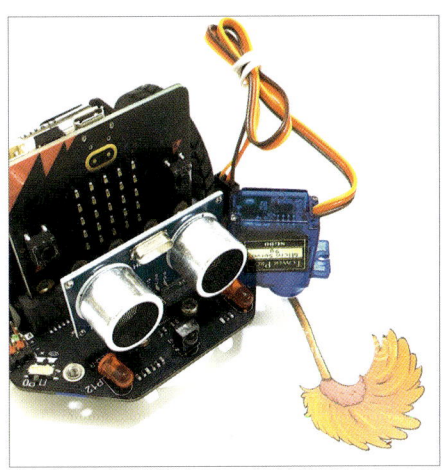

1. MakeCode 편집기를 실행합니다. [URL] https://makecode.microbit.org/
2. 프로젝트 이름을 "6_마퀸으로 서보모터 제어"로 저장하고 새 프로젝트를 생성합니다.
3. 확장 → "maqueen"으로 검색하여 추가합니다.
4. Maqueen 블록이 추가되었습니다.

            m Maqueen

5. 마퀸을 앞으로 움직이는 코딩을 하겠습니다. 무한반복 실행 블록 안에 Maqueen - motor left move Forward at speed 0 블록을 추가한 후, "left" → "all"로 변경하고 "0" → "20"으로 변경합니다.

6. 일시중지 블록을 추가하여 1000ms으로 변경합니다.

7. 마퀸을 뒤로 움직이는 코딩을 하겠습니다. 무한반복 실행 블록 안에 Maqueen - motor left move Forward at speed 0 블록을 추가한 후, "left" → "all"로 변경하고, "Forward" → "Backward", "0" → "20"으로 변경합니다.

8. 서보모터를 움직이는 코딩을 하겠습니다. 서보모터를 움직이게 하기 위해서는 새로운 무한 반복 실행 블록 안에 Maqueen - servo S1 angle 0 블록을 추가한 후, "0" → "90"으로 변경합니다.

9. 완성된 파일을 마이크로비트에 다운로드합니다.

활동하기

1. 아래 그림과 같이 청소 도구를 그림 등으로 준비합니다.

2. 서보모터를 마퀸 앞쪽에 있는 서보모터포트에 연결합니다.

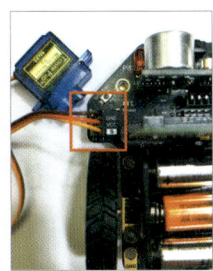

1. 마퀸에 서보모터를 연결할 때 서보모터의 포트(S1)를 확인한다.
2. 서보모터의 색상을 잘 구별해서 GND, VCC, S과 연결합니다.
3. 서보모터를 마퀸 앞쪽에 양면테이프를 이용해서 고정을 시킵니다.
4. 고정시킨 서보모터의 부분 날개에 먼지떨이 도안을 붙여 줍니다.

5. 자, 그럼 움직여 볼까요? 마퀸의 전원을 ON 시켜 주세요.

서보모터를 두 개 연결해서 코딩을 한 후 작동해 보면 더 재미있는 활동이 됩니다.

마무리하기

마퀸에 서보모터가 잘 회전하는지 확인해 봅니다.

이건 어떨까요? 이 프로젝트를 잘 이해했다면 다음 문제를 풀어 보세요.

- 청소차가 좀 더 구석구석을 청소할 수 있게 왼쪽, 오른쪽으로도 움직일 수 있게 해보세요.
- 앞 장에서 배운 초음파를 이용해서 장애물을 피하는 청소차도 만들어 보세요.

memo

7장
라디오 통신으로 마퀸 조정하기

🔍 라디오 통신을 이용해서 무선조정자동차를 만들어 봅니다. | 학습 목표

프리뷰	두 개의 마이크로비트가 라디오 통신을 이용해서 수신기와 송신기 역할을 하면서 자동차를 조정기로 움직일 수 있는 무선조정 자동차를 만들어 볼까요?
핵심 키워드	마이크로비트, 라디오 통신, 조정기, 수신기, 무선조정자동차
준비물	마이크로비트 2개, USB 데이터 케이블, 마퀸, 배터리팩 1개
학습 시간	하드웨어 설정하기: 10분 / 소프트웨어 코딩하기: 20분
학습 난이도	★★☆☆☆

라디오 통신 알아보기

1. 라디오 통신이란?

마이크로비트는 라디오 통신, 블루투스 통신, 시리얼 통신과 같은 무선 통신 방법으로 마이크로비트끼리 통신을 가능하게 합니다.

우리가 알고 있는 라디오 통신은 라디오방송국에서 일정 주파수로 방송을 보내면, 그 주파수에 맞춰져 있는 라디오가 신호를 잡아서 우리가 들을 수 있는 방법입니다.

마이크로비트도 마찬가지로 주파수를 맞추어 송신을 하면, 다른 마이크로비트가 그 내용을 수신하는 것입니다.

그럼, 우리 한번 만들어 볼까요?

 코딩하기

조정기 마이크로비트로 마퀸을 움직일 수 있도록 합니다.

1. MakeCode 편집기를 실행합니다. [URL] https://makecode.microbit.org/
2. 프로젝트 이름을 "7_라디오통신으로 마퀸조정_송신"로 저장하고 새 프로젝트를 생성합니다.
3. 확장 → "maqueen"으로 검색하여 마퀸을 추가합니다.
4. Maqueen 블록이 추가되었습니다.

> **Tip**
> 같은 주파수를 사용하기 위해 라디오 그룹을 설정합니다.
> 그룹은 1~255까지 설정할 수 있으며, 라디오 통신하려는 두 개의 마이크로비트는 반드시 같은 그룹 안에 있어야 합니다.

5. 조정기 역할(송신)을 하는 마이크로비트를 먼저 코딩하겠습니다.

6. 시작하면 실행 블록 안에 라디오 - 라디오 그룹을 1 설정 블록을 가져다 놓습니다.

7. A버튼을 누르면 앞으로 가고, B버튼을 누르면 뒤로 가고, A와 B버튼을 동시에 누르면 정지하게 만들겠습니다.

우선 A버튼을 누르면 앞으로 갈 수 있도록 합니다. 입력 - A 누르면 실행 블록을 가져옵니다. 라디오 - 라디오 전송 : 수 0 블록을 추가하고, 라디오 전송 : 수를 "0" → "1"로 변경합니다. A버튼을 눌렀을 때 LED 매트릭스에 보여지도록 기본 - LED 출력 블록을 추가하고, 모양을 만듭니다.

8. B버튼을 누르면 뒤로 갈 수 있도록 합니다. 입력 - A 누르면 실행 블록을 가져옵니다. "A" → "B"로 바꿔 줍니다. 라디오 - 라디오 전송 : 수 0 블록을 추가하고, 라디오 전송 : 수를 "0" → "2"로 변경합니다. B버튼을 눌렀을 때 LED 매트릭스에 보여지도록 기본 - LED 출력 블록을 추가하고, 모양을 만듭니다.

9. A+B버튼을 누르면 멈출 수 있도록 합니다. 입력 - A 누르면 실행 블록을 가져옵니다. "A" → "A+B"로 바꿔 줍니다. 라디오 - 라디오 전송 : 수 0 블록을 추가하고, 라디오 전송 : 수를 "0" → "3"로 변경합니다. A와 B버튼을 동시에 눌렀을 때 LED 매트릭스에 보여지도록 기본 - LED 출력 블록을 추가하고, 모양을 만듭니다.

10. 완성된 파일을 마이크로비트에 다운로드합니다.

11. 수신기 역할(마퀸에 꽂을)을 하는 마이크로비트를 코딩하겠습니다.
12. 마이크로비트 로고 또는 집모양 버튼을 눌러서 처음화면으로 돌아갑니다.

13. 다시 프로젝트 이름을 7_라디오통신으로 마퀸조정_수신 으로 저장하고 새 프로젝트를 생성합니다.
14. 확장 → "maqueen"으로 검색하여 마퀸을 추가합니다.
15. Maqueen 블록이 추가되었습니다.

16. 시작하면 실행 블록 안에 라디오 - 라디오 그룹을 1 설정 블록을 가져다 화면에 놓습니다.
    라디오 그룹을 1로 설정하는 이유에 대해서는 4번 tip을 참고하세요.

17. 송신기에서 라디오 전송을 숫자로 보냈기 때문에 숫자로 받아야 합니다.
    라디오 - 라디오 수신하면 실행: receivedNumber 블록을 가져옵니다.
    수신한 receivedNumber의 값이 1, 2, 3인 경우에 대해서 각각 마퀸이 전진, 후진, 정지할 수 있도록 처리합니다.

18. 조건문 receivedNumber 값이 1이라면 앞으로 가라고 명령을 만들어 줍니다.
    논리 - 만약(if) 참이면(then) 실행 블록을 가져오고, 논리 - 0=0 블록을 가져와서 '참' 조건 자리에 넣습니다. 그리고 라디오 수신하면 실행: receivedNumber 에서 receivedNumber 블록을 가져와서 앞쪽 "0" 자리에 끼워넣습니다. 뒤의 "0"은 1로 바꿔 줍니다.
    Maqueen - motor left move Forward at speed 0 블록을 가져와서 조건블록 안에 넣어 줍니다.
    "left"→ "all", "0" → "20"으로 바꿔 줍니다.

19. 조건문 receivedNumber 값이 2라면 뒤로 가라고 명령을 만들어 줍니다.

  `논리` - `만약(if) 참이면(then) 실행` 블록을 가져오고, `논리` - `0=0` 블록을 가져와서 '참' 조건자리에 넣습니다. 그리고 `라디오 수신하면 실행: receivedNumber`에서 receivedNumber 블록을 가져와서 앞쪽 "0" 자리에 끼워 넣습니다. 뒤의 "0"은 2로 바꿔 줍니다.

  `Maqueen` - `motor left move Forward at speed 0` 블록을 가져와서 조건블록 안에 넣어 줍니다.

  "left" → "all", "Forward" → "backward", "0" → "20"으로 바꿔 줍니다.

20. 조건문 receivedNumber 값이 3이라면 정지하라고 명령을 만들어 줍니다.

  `논리` - `만약(if) 참이면(then) 실행` 블록을 가져오고, `논리` - `0=0` 블록을 가져와서 '참' 조건자리에 넣습니다. 그리고 `라디오 수신하면 실행: receivedNumber`에서 receivedNumber 블록을 가져와서 앞쪽 "0" 자리에 끼워 넣습니다. 뒤의 "0"은 3로 바꿔 줍니다.

  `Maqueen` - `motor left move Forward at speed 0` 블록을 가져와서 조건블록 안에 넣어 줍니다.

  "left" → "all"로 바꿔 줍니다.

```
라디오 수신하면 실행: receivedNumber
  만약(if) receivedNumber = 1 이면(then) 실행
    motor all ▼ move Forward ▼ at speed 20
  만약(if) receivedNumber = 2 이면(then) 실행
    motor all ▼ move Backward ▼ at speed 20
  만약(if) receivedNumber = 3 이면(then) 실행
    motor all ▼ move Forward ▼ at speed 0
```

21. 완성된 파일을 마이크로비트에 다운로드합니다.

③ 활동하기

두 개의 마이크로비트에 수신과 송신의 각 다른 프로그램을 다운로드합니다.

수신 프로그램을 다운로드한 마이크로비트는 마퀸에 꽂고, 송신 프로그램을 다운로드한 마이크로비트는 배터리팩에 연결합니다.

조정기 마이크로비트의 A버튼, B버튼을 각각 또는 동시에 눌러, 마퀸이 잘 작동하는지 살펴봅니다.

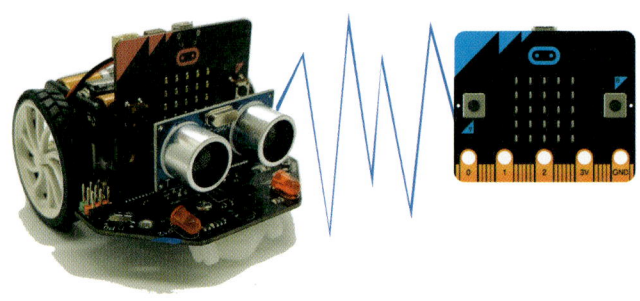

④ 마무리하기

송수신이 잘 되어, 마퀸이 잘 움직이는지 확인해 봅니다.

 이 프로젝트를 잘 이해했다면 다음 문제를 풀어 보세요.

- 조정기 마이크로비트의 움직임을 이용해서 마퀸을 제어할 수 있게 만들어 보세요.
- 멋진 조정기로 겉모습을 꾸며 보세요.

8장
라디오 통신으로 게임하기

🔍 라디오 통신 기능을 응용하여 놀이를 만들어 봅니다.   **학습 목표**

프리뷰	7장에서 라디오 통신을 배웠었는데, 기억하지요? 이번 장에서는 라디오 통신을 이용하여 조금 더 복잡한 놀이를 만들어 봅니다. 이번 장에서는 마퀸들끼리 라디오 통신을 이용하여 신호를 주고받으며 가위바위보 놀이를 하는데요, 이기면 앞으로, 지면 뒤로 이동하다 보면 게임이 끝나면 최종적으로 누가 이겼는지 알 수 있겠지요?
핵심 키워드	마이크로비트, 마퀸, 라디오 통신, 가위바위보
준비물	마이크로비트 2개, 마퀸 2개, USB 데이터 케이블, AAA 건전지 6개
학습 시간	하드웨어 설정하기: 5분 / 소프트웨어 코딩하기: 40분
학습 난이도	★★★☆☆

가위바위보 게임 알고리즘 알아보기

동작은 다음 그림처럼 신호를 주고받습니다.

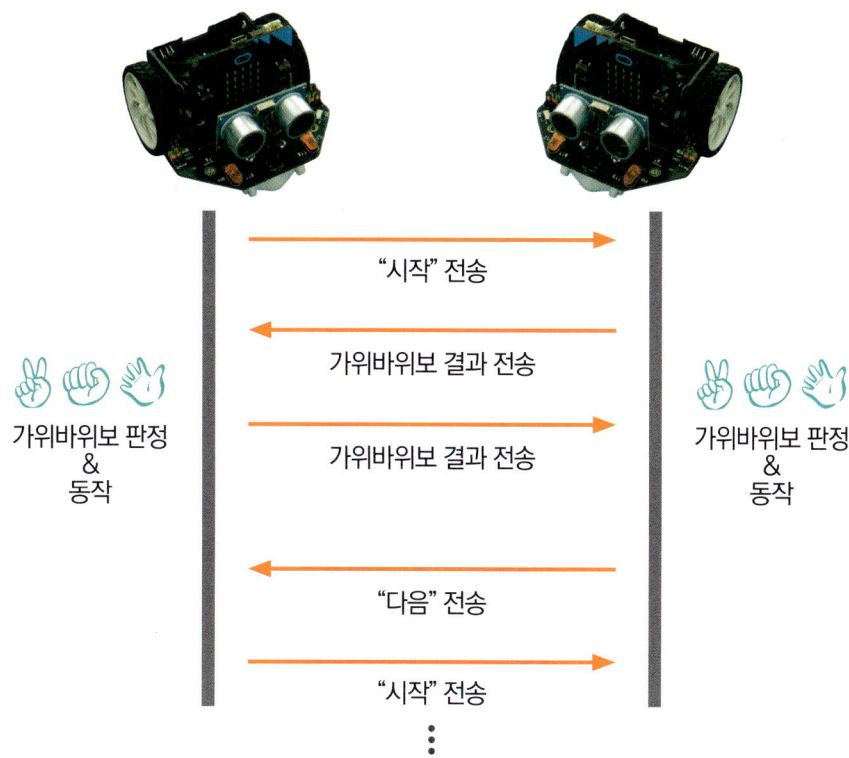

1. 게임의 신호를 보내는 측

8장의 라디오 통신을 이용한 게임에서는 2개의 마이크로비트 중 하나(마이크로비트1)가 게임을 끌어가는 진행자가 됩니다. 즉 진행자이자 게임 수행자가 됩니다.
A버튼을 눌러서 게임의 시작을 마이크로비트1에 알려 주면 그때부터는 마이크로비트끼리 라디오 통신을 이용하여 게임을 이어 갑니다. 마이크로비트1의 동작만 다시 정리해 봅니다.

1. A버튼을 누르면 마이크로비트1은 마이크로비트2에게 게임이 시작되었음을 알리고 기다립니다.
2. 마이크로비트2가 가위바위보를 뽑아서 전송하면 그때 마이크로비트1도 값을 하나 뽑아서 마이크로비트2에게 전송하고, 마이크로비트2에게 받은 값과 비교한 후 그것에 맞는 동작을 수행합니다.
3. 마이크로비트2가 끝났다는 "다음" 신호가 올 때까지 기다리고, 신호가 도착하면 그때 다시 시작 신호를 보내서 게임을 반복합니다.

2. 게임의 신호를 받는 측

마이크로비트2는 마이크로비트1로부터 신호를 받을 때만 코드를 수행하게 됩니다.

1. 마이크로비트2는 마이크로비트1로부터 "시작" 신호를 받으면 값을 뽑아서 마이크로비트1로 전송합니다.
2. 마이크로비트1로부터 가위바위보 정보를 받으면 그때 나의 가위바위보 값과 수신한 값을 비교하여 그에 맞는 동작을 수행합니다.
3. 동작이 완료되면 다음 게임으로 넘어가도 좋다는 신호인 "다음" 신호를 전송합니다.

② 코딩하기

이제 위 알고리즘에 따라서 코딩을 진행합니다. 보통 송수신을 같은 프로그램 안에 넣기도 하는데 이번 장에서는 게임의 주와 부로 나누어 따로 코딩합니다.

1. 알고리즘에 따라 코딩하기

먼저 게임의 진행자인 마이크로비트1의 코드입니다.

1. MakeCode 편집기를 실행합니다. [URL] https://makecode.microbit.org
2. 프로젝트 이름을 "8_라디오통신게임_주"로 저장하고 새 프로젝트를 생성합니다.
3. 확장 → "maqueen"으로 검색하여 마퀸을 추가합니다.
4. 마이크로비트1과 마이크로비트2의 통신을 위해 라디오 그룹 1로 설정합니다.
   마이크로비트1은 전체적인 게임의 제어를 버튼으로 합니다. 게임 진행 여부를 저장할 변수 시작 을 만들어 초기값 0으로 저장합니다.

5. A버튼을 누름과 동시에 마이크로비트2에 "시작" 신호를 보내면서 게임이 시작되고 B버튼을 누르면 게임이 종료됩니다. 다시 A버튼을 누르면 게임은 다시 시작됩니다.

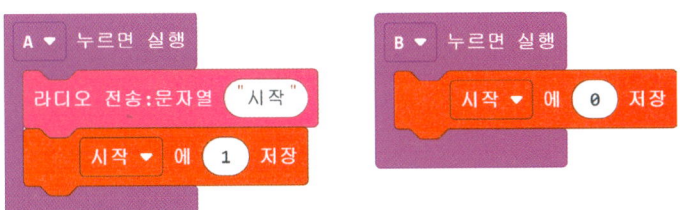

6. 이제 마이크로비트2로부터 가위바위보 정보를 수신하면 실행되는 코드를 살펴봅니다. 마이크로비트2에서 가위바위보의 결과를 문자열로 전송하므로 받을 때도 문자열로 받습니다. receivedString에 마이크로비트2가 보낸 정보가 문자열 형태로 들어 있습니다.

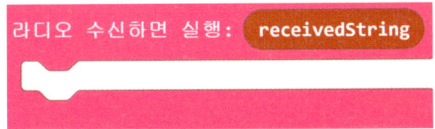

7. 마이크로비트1은 변수 시작이 1인 경우에만 게임을 이어갑니다.

8. 앞으로 마이크로비트2로부터 수신한 문자열(receivedString)이 "가위", "바위", "보"인 경우에만 마이크로비트1도 call 가위바위보전송 블록을 호출하여 마이크로비트2에 "가위, 바위, 보" 중 하나를 전달하고 이겼는지 졌는지 판단하여 마퀸을 움직입니다.

이때 조심할 것은 receivedString에 들어 있는 값이 상대방의 결과이고 변수 임시에 들어 있는 값이 나의 결과입니다. 만약 receivedString이 가위인데 변수 임시의 값이 2라면 "바위"를 나타내는 것이므로 마이크로비트1이 이깁니다.

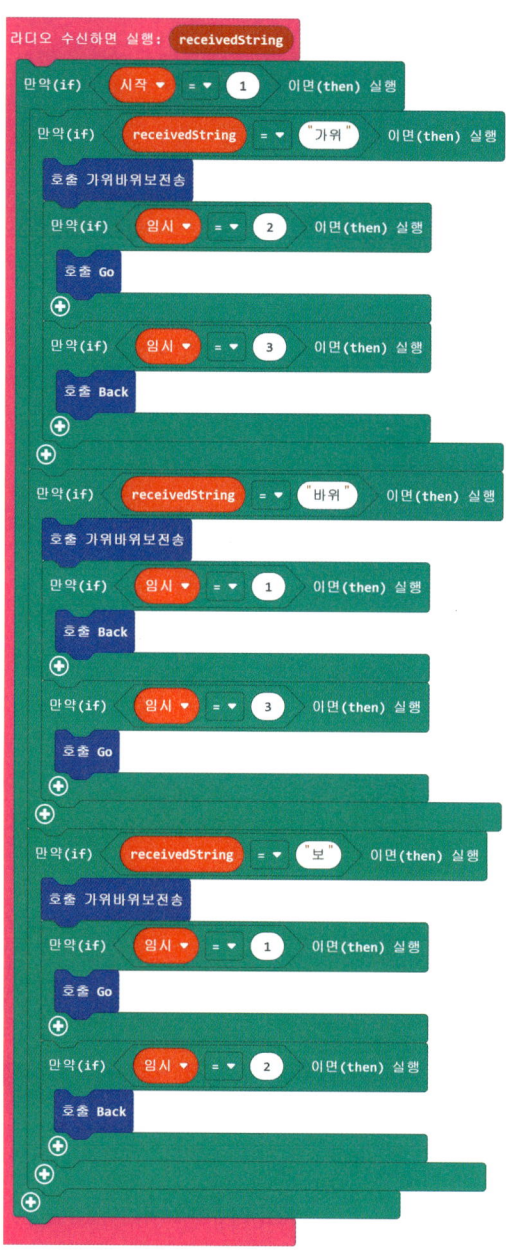

9. 이제 `call 가위바위보전송` 블록을 다시 살펴봅니다.

함수는 `고급` - `함수` - `함수만들기`로 생성합니다. 매개변수 추가없이 함수이름만 넣으면 됩니다.

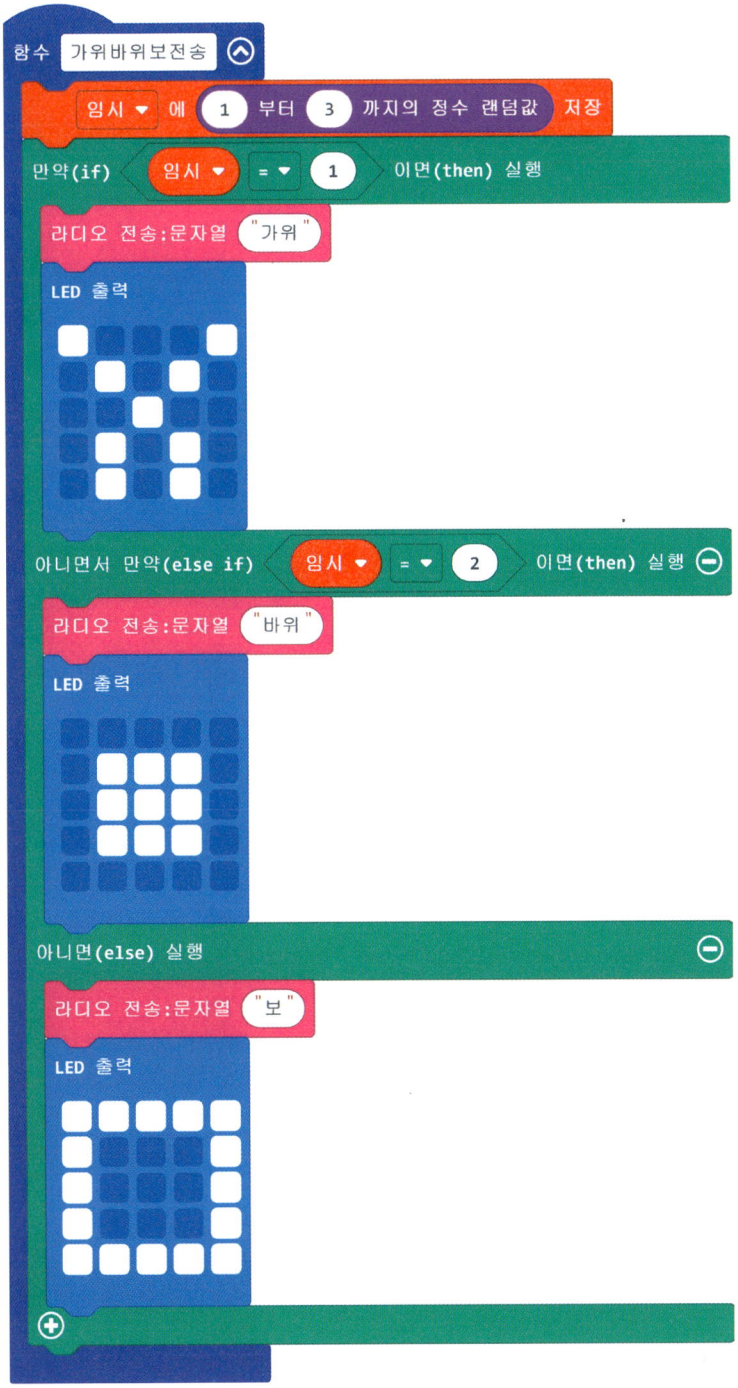

가위바위보는 1~3 사이에서 임의의 숫자를 선택하여 변수 임시 에 저장한 후 각각의 값을 "가위" "바위" "보"에 대입하는 형태로 처리하였습니다. (1: 가위, 2: 바위, 3: 보)
어떤 값이 선택되었는지도 알 수 있게 각각을 이미지로 표시하였습니다.
라디오 전송: 문자열 ("문자열") 을 통해서 "가위" "바위" "보"의 문자열을 마이크로비트2에 전송합니다.

10. call Go와 call Back을 알아봅니다. Go 함수는 마퀸을 전진하게 하고, Back 함수는 마퀸을 후진하게 합니다. 각각 1초씩 움직인 후 동작을 멈춥니다.

```
함수 Go
  motor all ▼ move Forward ▼ at speed 30
  일시중지 1000 ▼ (ms)
  motor all ▼ stop
```

```
함수 Back
  motor all ▼ move Backward ▼ at speed 30
  일시중지 1000 ▼ (ms)
  motor all ▼ stop
```

11. 마이크로비트1은 전진/후진 등의 동작이 끝나면 마이크로비트2로부터 "다음" 신호가 올 때까지 기다립니다. "다음" 신호가 수신되면 다시 "시작"을 마이크로비트2에게 보내어 게임을 이어갑니다.
라디오 수신하면 실행: receivedString 블록의 만약(if) <시작=1>이면(then) 실행 블록 안쪽 제일 위에 "다음" 신호에 대한 처리를 추가합니다.
마이크로비트1에 대한 코드는 모두 완료되었습니다. 아래 전체 코드에서 "다음" 신호의 처리 위치를 확인바랍니다.

8장 라디오 통신으로 게임하기

12. 완성된 파일을 마이크로비트1에 다운로드합니다.

2. 마이크로비트2(부) 코딩하기

이번에는 마이크로비트2를 코딩합니다. 마이크로비트2의 코드는 마이크로비트1과 거의 동일합니다. 따라서 마이크로비트1의 코드를 복사하여 사용합니다.

1. 8_라디오통신게임_주 의 완성된 상태에서 메이크코드 사이트 상단에 마이크로비트로고 또는 집모양 아이콘을 클릭합니다.

2. https://makecode.microbit.org/ 사이트의 "내 프로젝트" 옆 모두 보기를 클릭합니다.

3. 내 프로젝트 화면에서 8_라디오통신게임_주를 선택한 후 복사를 클릭합니다.

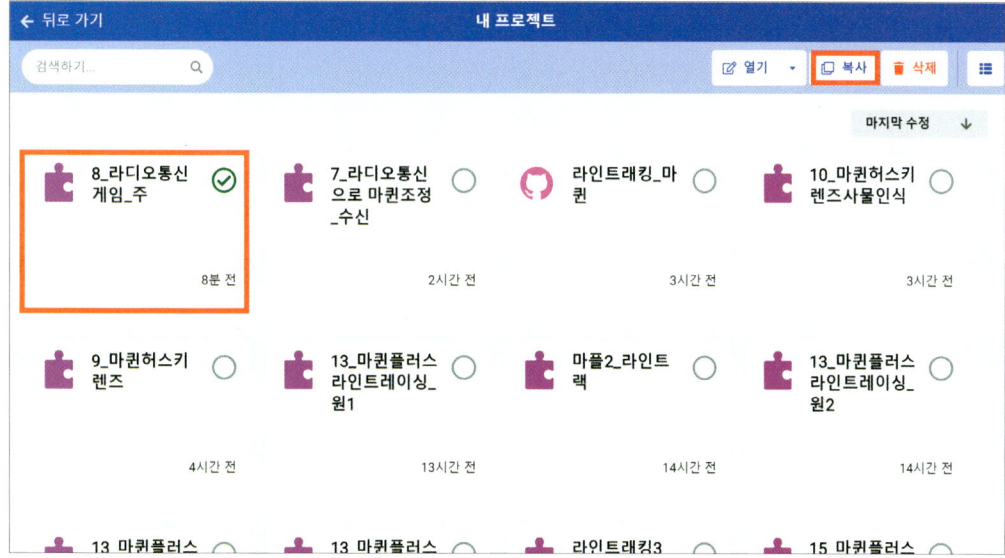

4. 프로젝트의 이름을 8_라디오통신게임_부로 수정 후 복사 버튼을 클릭합니다.

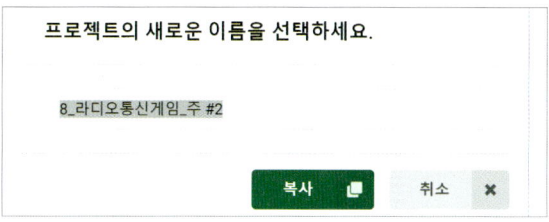

5. 8_라디오통신게임_부 프로젝트를 선택하여 엽니다.

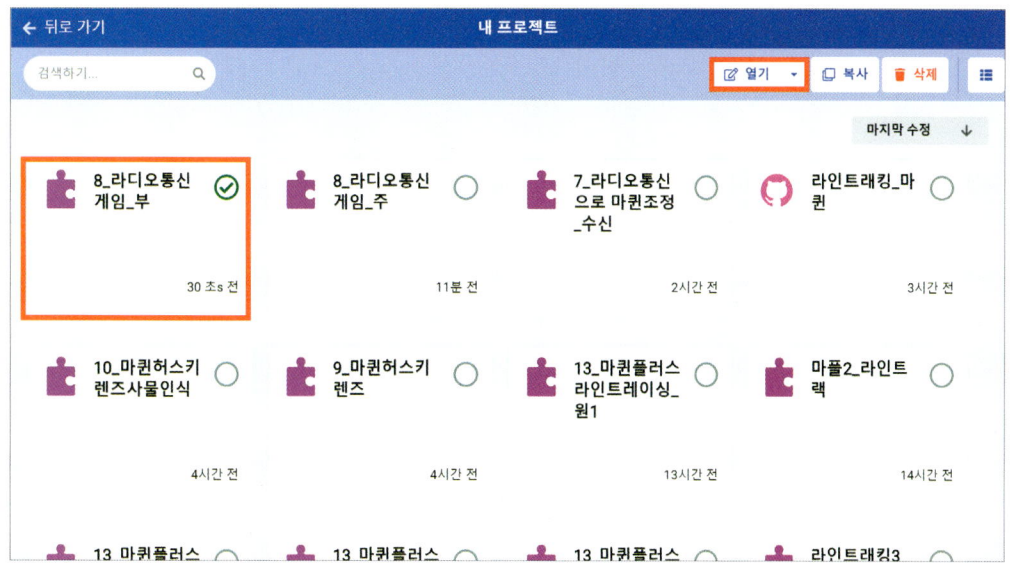

6. 이제 앞에서 완성했던 코드에서 먼저 필요없는 부분을 삭제합니다.

   마이크로비트1과 다른 점은 마이크로비트2는 "시작" 신호를 받으면 동작하도록 되어 있기 때문에 버튼으로 제어하는 부분은 필요가 없습니다.

   A 누르면 실행과 B 누르면 실행 코드를 삭제합니다.

7. 마이크로비트2는 변수 시작으로 처리하는 부분이 필요없습니다.

   시작하면 실행 코드에서 시작에 0 저장을 삭제합니다.

   또한 라디오 수신하면 실행 : receivedString 내부의 만약(if) <시작=1>이면(then) 실행도 삭제합니다. 만약(if) <시작=1>이면(then) 실행의 내부 블록들을 잠시 빈 공간에 빼놓은 다음 해당 조건 블록을 삭제하면 됩니다.

   또한 수신된 문자열이 '다음'인 경우 '시작' 신호를 보내는 부분도 필요가 없습니다.

   남아있는 라디오 수신하면 실행 : receivedString 내부의 블록 중 만약(if) <receivedString='다음'>이면(then) 실행 블록 전체도 삭제합니다.

   지금까지 블록 삭제 후 다음과 같이 남아있습니다.

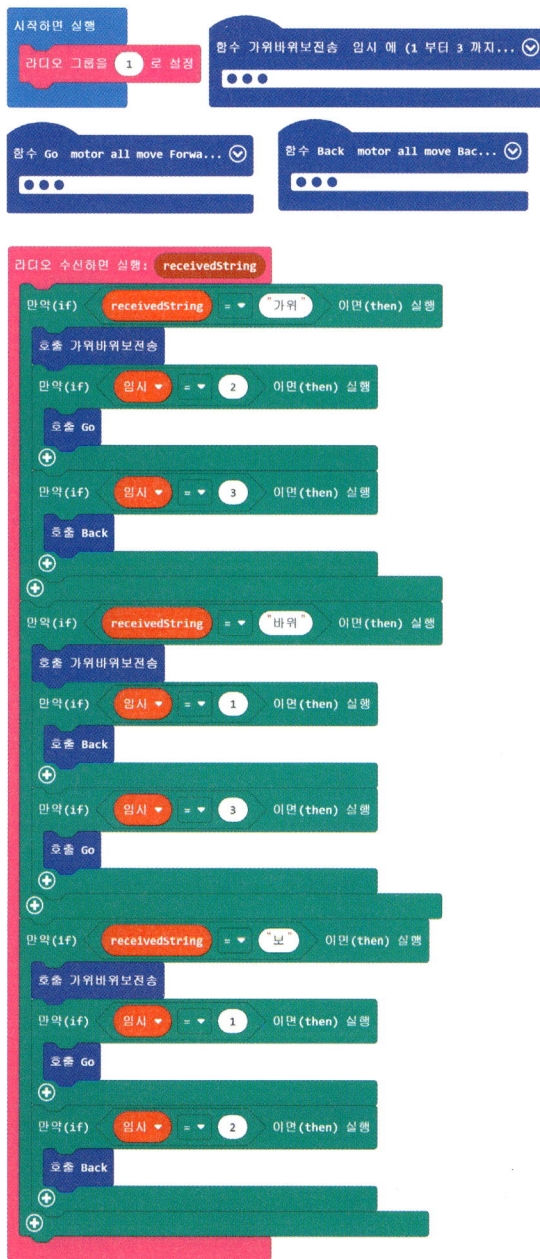

8. 이제 추가해야하는 코드입니다. 마이크로비트2는 마이크로비트1로부터 "시작"문자열을 받으면 게임을 시작합니다. 즉, 가위바위보를 선택해서 다시 마이크로비트1에게 보내야합니다. 이 동작을 함수 가위바위보전송이 가지고 있으므로 이 함수를 호출하면 됩니다.

라디오 수신하면 실행 : receivedString 블록 내부의 제일 위에 만약(if) <receivedString='시작'>이면(then) 실행을 추가하고 그 안에 함수 call 가위바위보전송을 끼워넣습니다.

만약(if) <receivedString='가위'>이면(then) 실행 블록 안에 있는 함수 call 가위바위보전송 는 삭제합니다.

마찬가지로 '바위', '보'인 경우도 함수 call 가위바위보전송 는 삭제합니다.

9. 마이크로비트2는 가위바위보 비교 동작이 끝나면 동작이 끝났다고 "다음" 문자열을 마이크로비트1에게 보내야합니다. 라디오 전송: 문자열 "다음" 을 가위바위보 비교하여 마퀸을 움직이는 코드 뒤에 추가합니다.

마이크로비트2의 완성된 코드는 다음과 같습니다.

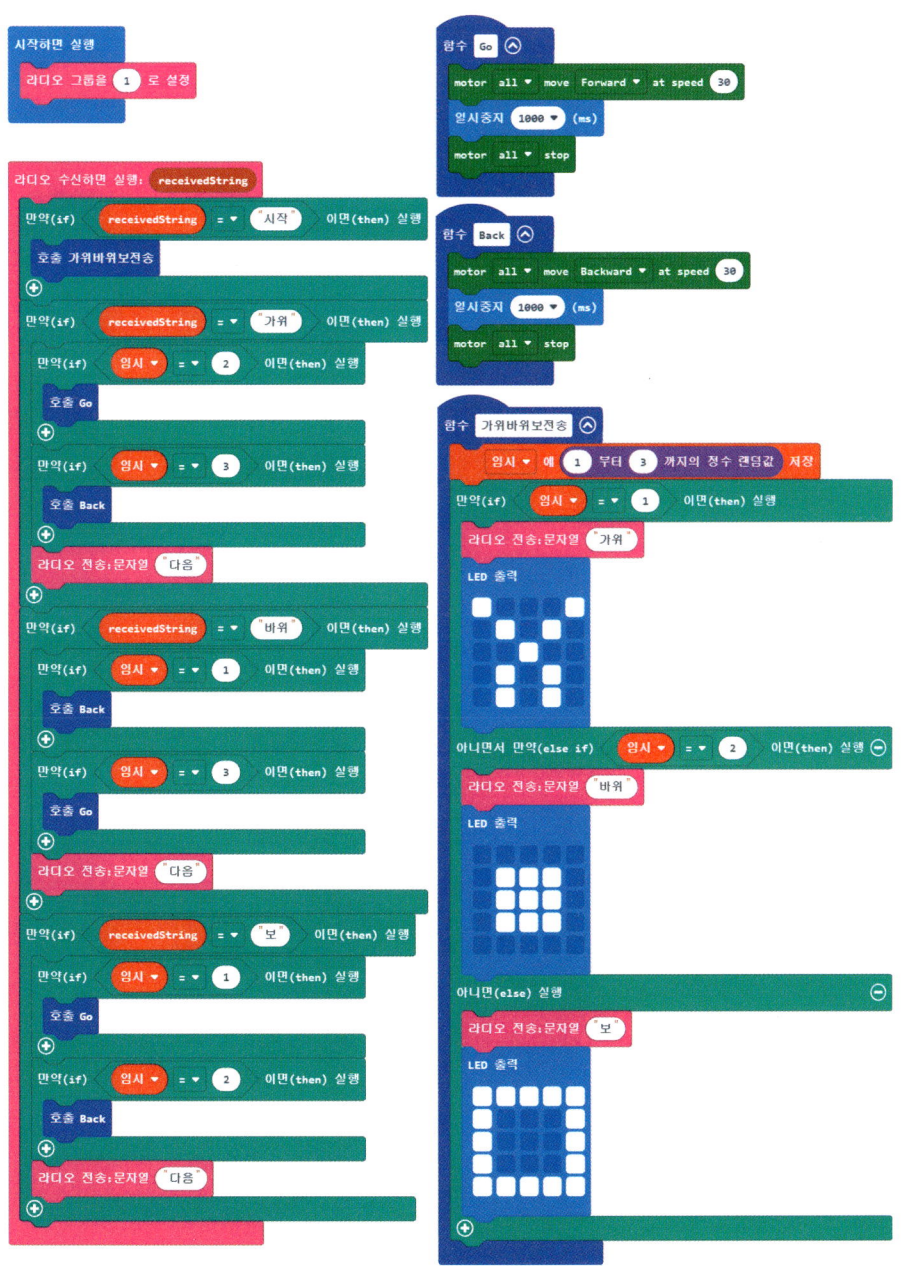

10. 완성된 파일을 마이크로비트2에 다운로드합니다
    이제 2대의 마퀸으로 가위바위보놀이를 해봅시다.

8장 라디오 통신으로 게임하기 **83**

2대의 마퀸을 다르게 꾸미면 조금 더 재미가 있겠죠?
각각의 마퀸을 나와 친구의 얼굴로 꾸며 놀이를 해보면 좋을 것 같네요.

③ 마무리하기

두 개의 마퀸이 가위바위보 게임을 잘 하나요?
라디오 통신은 송신부와 수신부를 헷갈리지 않는 것이 중요합니다. 특히 이번에는 사용자는 처음 시작 버튼을 눌러 시작만 시켜 주고 나머지는 마이크로비트끼리 주고받으면서 통신을 하므로 특히 송신부 코드와 수신부 코드를 주의해서 입력해야 합니다.

마퀸이 잘 동작하지 않는 것 같다면 배터리를 확인해 주세요.
배터리가 충분하지 않으면 바퀴를 움직이는 모터가 힘을 받지 못해서 잘 움직이지 못해요.

이건 어떨까요?

이번에는 마이크로비트 2개를 이용하여 라디오 통신 게임을 만들었지만 라디오 통신은 더 많은 마이크로비트와도 통신이 가능합니다.
예를 들어 마퀸과 여러 개의 마이크로비트로 보물찾기도 가능하지 않을까요? 같은 그룹으로 묶인 여러 대의 마이크로비트 중 하나는 술래가 되어 마퀸을 조정하고 나머지는 보물입니다. 보물 마이크로비트를 적당한 곳에 두면 술래 마이크로비트가 마퀸을 조정해서 보물을 찾는 것이지요.
라디오 통신을 이용한 다양한 게임이 만들어지겠지요?

memo

9장

마퀸에 허스키렌즈 추가하기

🔍 허스키렌즈(Huskylens)의 기본 사용법을 알고 얼굴 인식 기능을 이용하여 마퀸(Maqueen)을 조정합니다. | 학습 목표

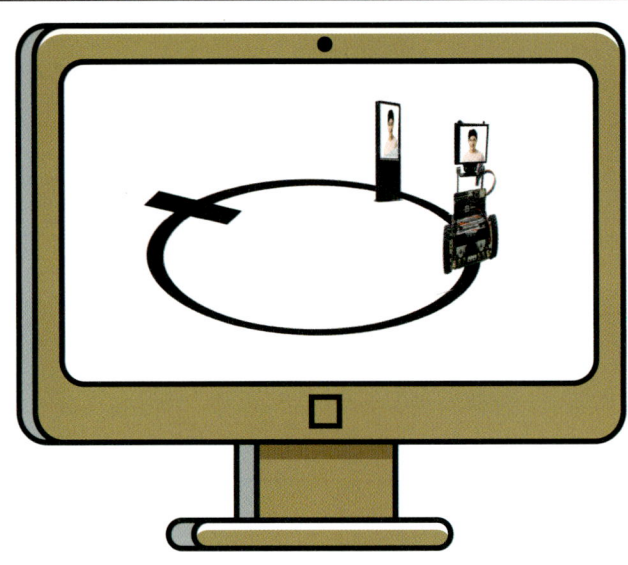

프리뷰	여러분은 인공지능, AI(artificial intelligence)에 대해서 들어본 적 있나요? 인공지능은 인간의 학습능력, 추론능력, 지각능력, 자연언어의 이해능력 등을 컴퓨터 프로그램으로 실현한 기술입니다. 인공지능이 적용되는 다양한 분야가 있지만 우리는 이미지 인식 기능을 이용하여 프로젝트를 진행할 것입니다.
핵심 키워드	마이크로비트, 마퀸, 허스키렌즈, 얼굴인식
준비물	마이크로비트, 마퀸 허스키렌즈, 브래킷, 6각 지지대볼트 2개, 허스키렌즈 중력 4핀 센서 케이블, 흰 종이, 검정 매직(또는 검정 테이프) USB 데이터 케이블, AAA건전지 3개
학습 시간	하드웨어 설정하기: 30분 / 소프트웨어 코딩하기: 15분
학습 난이도	★★☆☆☆

① 허스키렌즈의 얼굴 인식 모드 알아보기

1. 허스키렌즈(Huskylens)란?

허스키렌즈는 이미지 인식 알고리즘이 탑재된 비전(vision) 센서(sensor)입니다. 얼굴 인식, 사물 추적, 사물 인식, 라인 추적, 색상 인식 및 태그(QR 코드) 인식, 사물 분류 등의 기능을 가지고 있습니다.

또한 UART/I2C 포트를 통해 아두이노, 마이크로비트, 라즈베리파이, 라떼판다 등의 보드와 연결하여 사용이 가능합니다.

학습 버튼   기능 버튼

허스키렌즈는 기능 버튼을 이용하여 사용할 기능을 선택할 수 있습니다.

선택 가능한 모드는 얼굴 인식, 사물 추적, 사물 인식, 라인 추적, 색상 인식 및 태그(QR 코드) 인식, 사물 분류입니다. 모드 선택 후 학습 버튼을 이용하여 학습이 가능합니다. 그리고 설정 메뉴도 포함하고 있습니다. (펌웨어 버전 V0.5.1 기준입니다.)

자세한 허스키렌즈의 사용법은 21장을 참고하기 바랍니다.

2. 허스키렌즈의 얼굴 인식 기능 사용하기

이번 장에서는 허스키렌즈의 여러 인식 기능 중에서 얼굴 인식 기능을 알아보겠습니다.
기본 설정은 한 명의 얼굴을 학습하고 인식하는 것이며 모드 변경을 통해서 여러 명의 얼굴을 인식하는 것도 가능합니다. 이번 장에서는 한 명의 얼굴 인식을 이용합니다.

이제 허스키렌즈에 마퀸 제어에 사용할 얼굴을 학습시키겠습니다.

허스키렌즈에 전원을 공급하여 켭니다. 그리고 기능 버튼을 돌려 Face Recognition 을 선택합니다.

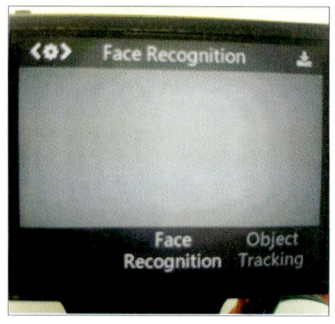

사람 얼굴을 학습시킵니다. 학습 전에는 흰색 박스와 노란색 십자가가 나타납니다. 학습 버튼을 눌러 얼굴을 학습시킨 후에는 학습된 얼굴이 감지되면 파란색 상자로 표시합니다.

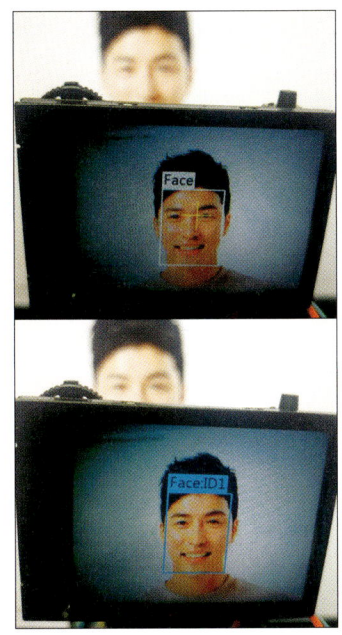

② 코딩하기

이제 본격적으로 마퀸이 라인을 따라 움직이다가 학습된 얼굴이 나타나면 멈추도록 코딩을 해 보겠습니다.

1. MakeCode 편집기를 실행합니다. [URL] https://makecode.microbit.org
2. 프로젝트 이름을 "9_마퀸허스키렌즈"로 저장하고 새 프로젝트를 생성합니다.
3. 확장 → "maqueen"으로 검색하여 마퀸을 추가합니다.
4. 확장 → "huskylens"로 검색하여 허스키렌즈를 추가합니다.

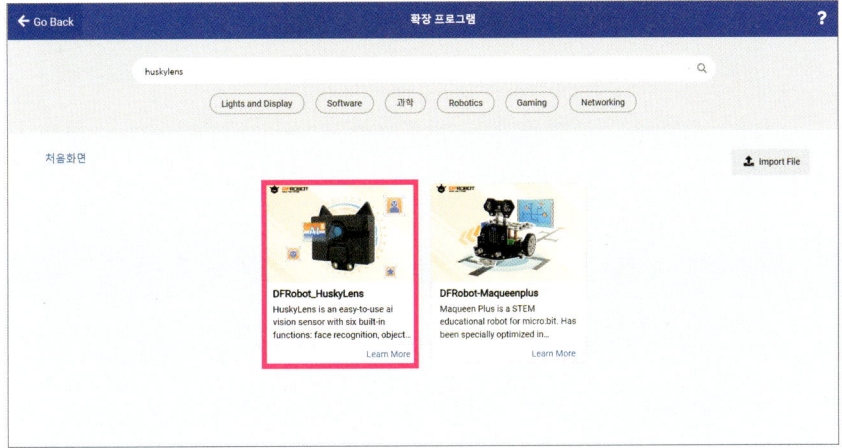

9장 마퀸에 허스키렌즈 추가하기 **89**

마퀸과 허스키렌즈 블록이 추가되었습니다.

> **여기서 잠깐!** 허스키렌즈 블록을 살펴봅시다.

① HuskyLens initialize I2C until success
② HuskyLens switch algorithm to Face Recognition
③ HuskyLens request data once and save into the result
④ HuskyLens get a total number of learned IDs from the result
⑤ HuskyLens check if frame is on screen from the result
⑥ HuskyLens get ID of arrow closest to the center of screen from the result
⑦ HuskyLens get ID of frame closest to the center of screen from the result
⑧ HuskyLens check if ID 1 is learned from the result
⑨ HuskyLens check if ID 1 frame is on screen from the result
⑩ HuskyLens get X center of ID 1 frame from the result
⑪ HuskyLens get X beginning of ID 1 arrow from the result

❶ 허스키렌즈와 보드 간 I2C 통신을 사용하기 위해 준비합니다.

❷ 허스키렌즈의 내장 알고리즘 중에서 프로그램에서 사용할 알고리즘을 선택합니다.

❸ 허스키렌즈의 데이터를 요청하여 가져옵니다.

❹ 총 학습된 ID 수를 얻습니다.

❺ 프레임(frame)이 화면에 있는지 확인합니다. (frame/arrow)

❻ 화면의 중앙에 가장 가깝게 위치한 화살표(arrow)의 ID를 얻습니다. (ID / X beginning / Y beginning / X endpoint / Y endpoint)

❼ 화면의 중앙에 가장 가깝게 위치한 프레임(frame)의 ID를 얻습니다. (ID / X center / Y center / width / height)

❽ ID #이 학습이 되었는지 확인합니다.

❾ 화면에 ID #의 프레임(frame)이 있는지 확인합니다. (frame/arrow)

❿ ID #의 프레임(frame)의 X center 값을 얻습니다. (X center / Y center / width / height)

⓫ ID #의 화살표(arrow)의 X beginning 값을 얻습니다. (X beginning / Y beginning / X endpoint / Y endpoint)

5. 4장을 참고하여 라인 트레이싱 기능을 먼저 구현합니다. 트랙은 1.5cm를 넘지 않게 그려 주세요.

6. 라인 트레이서 동작을 확인합니다. 허스키렌즈를 이용하여 사람을 인식하기 위한 코드를 추가하기 위해 무한반복 실행 안의 코드를 잠시 꺼내놓습니다.

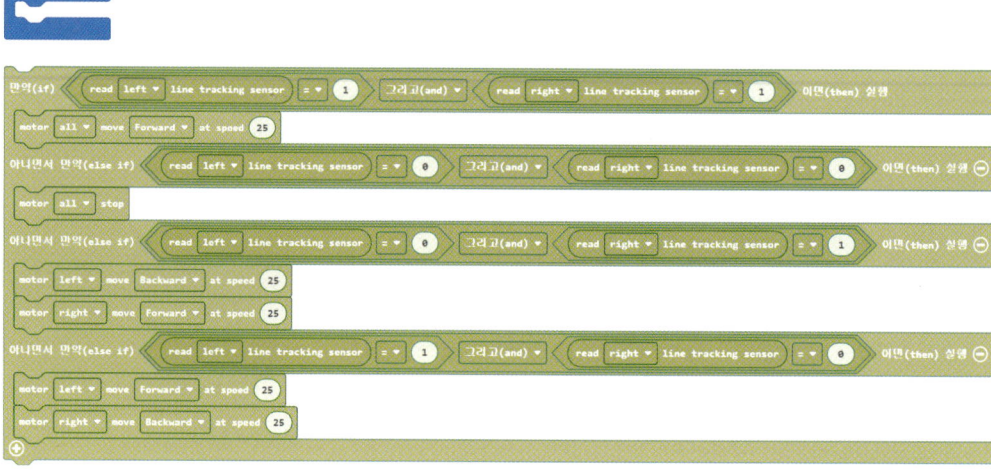

7. 시작하면 실행 블록에 허스키렌즈를 시작하기 위한 블록들을 추가합니다.

 **허스키렌즈를 확인해주세요.**

허스키렌즈와 마이크로비트 사이 연결이 잘 안 된 경우 마이크로비트의 디스플레이에 "X" 표시가 나타납니다.

이 경우 허스키렌즈에 전원이 잘 들어와 있는지, 마이크로비트의 확장 보드와 허스키렌즈가 잘 연결되어 있는지 연결 케이블을 확인합니다.

이번 프로젝트에서는 얼굴 인식을 사용할 것이므로 "Face Recognition"을 선택합니다.

8. 무한반복 실행 블록에 허스키렌즈에서 인식한 결과값을 가지고 오는 블록을 추가합니다.

9. 논리 - 만약(if) 참이면(then) 실행 블록을 무한반복 실행 블록에 추가합니다.

조건 블록의 참(true) 자리에 HuskyLens - HuskyLens check if ID 1 frame is on screen from the result 블록을 삽입합니다. 이 블록은 허스키렌즈가 인식한 얼굴이 ID가 1인지 판단하는 블록입니다.

10. 만약 부분은 학습된 얼굴이 인식된 것이므로 마퀸을 멈추는 코드를 추가합니다.

```
무한반복 실행
    HuskyLens request data once and save into the result
    만약(if) HuskyLens check if ID 1 frame ▼ is on screen from the result 이면(then) 실행
        motor all ▼ stop
        일시중지 1000 ▼ (ms)
    아니면(else) 실행
```

11. 아니면(else) 실행 안에 처음 만들어서 빼두었던 라인 트레이싱 코드를 다시 넣습니다. 완성된 무한반복 실행 코드는 아래와 같습니다.

```
무한반복 실행
    HuskyLens request data once and save into the result
    만약(if) HuskyLens check if ID 1 frame ▼ is on screen from the result 이면(then) 실행
        motor all ▼ stop
    아니면(else) 실행
        만약(if) read left ▼ line tracking sensor = ▼ 0 그리고(and) ▼ read right ▼ line tracking sensor = ▼ 0 이면(then) 실행
            motor all ▼ move Forward ▼ at speed 50
        아니면(else) 실행
            만약(if) read left ▼ line tracking sensor = ▼ 1 그리고(and) ▼ read right ▼ line tracking sensor = ▼ 0 이면(then) 실행
                motor left ▼ move Forward ▼ at speed 50
                motor right ▼ move Forward ▼ at speed 0
            만약(if) read left ▼ line tracking sensor = ▼ 0 그리고(and) ▼ read right ▼ line tracking sensor = ▼ 1 이면(then) 실행
                motor left ▼ move Forward ▼ at speed 0
                motor right ▼ move Forward ▼ at speed 50
            만약(if) read left ▼ line tracking sensor = ▼ 1 그리고(and) ▼ read right ▼ line tracking sensor = ▼ 1 이면(then) 실행
                motor left ▼ move Forward ▼ at speed 10
                motor right ▼ move Forward ▼ at speed 30
```

12. 완성된 파일을 마이크로비트에 다운로드합니다

③ 마퀸에 허스키렌즈 장착하기

마퀸에 허스키렌즈를 장착하여 동작시켜 보도록 하겠습니다.

1. 재료 준비하기

1. 준비물을 준비합니다. 마퀸, 허스키렌즈, 마이크로비트, 허스키렌즈용 4핀 센서 케이블, 장착 브래킷, 6각 지지대볼트(3파이, 20mm) 및 M3 나사입니다. (허스키렌즈용 4핀 센서 케이블, 장착 브래킷, M3 나사는 허스키렌즈 구입 시 포함되어 있습니다.)

> 허스키렌즈 구매 https://www.icbanq.com/P010372732
> 허스키렌즈 장착 부속품 https://www.icbanq.com/P002255966
> 마퀸에 장착하기 위한 부속품(6각 지지대볼트(3파이, 20mm))은
> 구매하여도 되고 비슷한 부품이 있으면 사용하면 됩니다.

2. 하드웨어 연결하기

1. 허스키렌즈에 브래킷을 장착합니다.

2. 위에서 조립한 허스키렌즈와 마퀸, 허스키렌즈용 4핀 센서 케이블, 6각 지지대볼트를 준비합니다.

3. 허스키렌즈용 4핀 센서 케이블을 먼저 마퀸의 I2C 단자에 꽂습니다. 마퀸 I2C 단자를 보면 D / C / - / + 표시가 되어 있습니다. +는 전원(V), -는 GND, C(SCL)는 R(파랑), D(SDA)는 T(초록)에 연결됩니다.

여기서 잠깐! I2C가 무엇일까요?

I2C는 필립스에서 개발한 직렬 컴퓨터 버스이며 단지 2개의 GPIO핀과 소프트웨어만을 이용하여 장치를 제어할 수 있습니다. SDA(Serial Data)는 데이터의 직렬 전송에, SCL(Serial Clock)는 장치 간 신호 동기화에 사용됩니다. 마이크로비트에서는 19번 핀이 SCL, 20번 핀이 SDA에 할당되어 있습니다.

4. 6각 지지대볼트를 2개 준비합니다.

5. 마퀸의 보조 바퀴(support wheel) 부분의 나사를 제거하고 6각 지지대볼트로 교체합니다.

6각 지지대볼트가 없는 경우 다른 부품을 이용해서 고정해도 됩니다.

6. 6각 지지대볼트 위에 허스키렌즈 브래킷을 고정합니다. 그리고 마퀸에 허스키렌즈용 4핀 센서 케이블의 다른 쪽 끝을 허스키렌즈에 연결합니다.

4 마무리하기

허스키렌즈를 장착한 마퀸이 의도한 대로 동작하나요? 미리 학습시킨 얼굴이 감지되면 멈추었다가 다시 움직이기 시작하는지 확인합니다.

허스키렌즈가 학습된 사람을 잘 인식하나요? 학습이 된 사람은 파란색, 학습되기 전에는 흰색 상자로 표시됩니다. 사람의 얼굴을 감지하고 파란색으로 보일 때만 동작합니다. 파란색 상자가 보이지 않으면 학습시키는 단계부터 다시 차근차근 확인해봅니다.

> 트랙을 그릴 때 검정색 선을 마퀸 바닥의 두 개의 IR 센서 사이에 들어 올 수 있게 그려주세요. 대략 1.5cm 이내로 그려야 합니다.

 이건 어떨까요?

이번에는 라인 트레이싱 기능을 이용했지만 임의로 움직이면서 숨바꼭질로 응용해 보는 것도 좋을 것 같네요. 건물 뒤에 사람 모형을 숨겨 두고 찾도록 하는 것이지요. 마퀸과 함께하는 숨바꼭질 놀이 재미있을 것 같지 않나요?

memo

10장

마퀸과 허스키렌즈로 사물 인식하기

🔍 허스키렌즈(Huskylens)의 사물 인식 기능을 이용하여 마퀸(Maqueen)을 조정합니다. | 학습 목표

프리뷰	허스키렌즈가 사물을 구분할 수 있다는 것을 아나요? 이번 장에서는 허스키렌즈의 사물 인식 모드에 대해서 알아볼까요?
핵심 키워드	마이크로비트, 마퀸, 허스키렌즈, 사물인식
준비물	마이크로비트, 마퀸 허스키렌즈, 브래킷, 6각 지지대볼트 2개, 허스키렌즈 4핀 센서 케이블, 흰 종이, 검정 매직(또는 검정 테이프), USB 데이터 케이블, AAA건전지 3개
학습 시간	하드웨어 설정하기: 30분 / 소프트웨어 코딩하기: 15분
학습 난이도	★★☆☆☆

허스키렌즈의 사물 인식 모드 알아보기

허스키렌즈는 20개의 사물을 인식할 수 있도록 프로그래밍 되어 있습니다. 현재 인식 가능한 20개의 사물은 비행기, 자전거, 새, 보트, 병, 버스, 자동차, 고양이, 의자, 소, 식탁, 개, 말, 오토바이, 사람, 화분, 양, 소파, 기차, TV입니다. 사물 인식 모드에서도 단일 사물의 인식 및 다중 사물의 인식이 가능합니다. 이번 장에서는 단일 사물 인식을 이용합니다.

이제 허스키렌즈에게 마퀸을 움직이는 데 사용할 자동차를 학습시키겠습니다.

얼굴 인식과 다르게 사물 인식은 학습한 하나의 자동차만을 인식하는 것이 아니라 우리가 일반적으로 자동차라고 생각하는 것을 모두 인식합니다.

허스키렌즈에 전원을 공급하여 켭니다. 그리고 기능 버튼을 돌려 `Object Recognition`을 선택합니다.

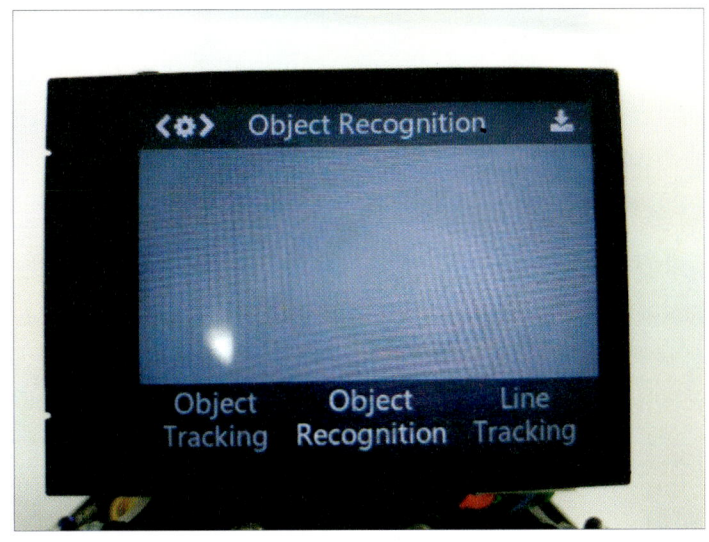

`Object Recognition`을 선택하면 카메라에 잡힌 사물을 이미 프로그래밍 되어 있는 20개의 사물 중 가장 근접한 것을 찾아서 알려 줍니다.

만약 고양이의 모습과 비슷하다면 `cat`이라고 알려 주고 자동차와 비슷하다면 `car`라고 추천합니다.

우리는 자동차를 이용할 것이므로 자동차 모형이나 사진을 이용하여 자동차를 허스키렌즈에 학습시킵니다. car라고 흰색 상자로 표시가 되면 그때 학습 버튼을 누릅니다.

그러면 학습이 완료되고 이제 자동차는 파란색 상자로 car:ID1라고 표시됩니다.

자세한 학습 방법은 21장을 참고하기 바랍니다.

② 코딩하기

이제 허스키렌즈를 장착한 마퀸이 다른 사물을 쫓아 움직일 수 있도록 코딩을 해보겠습니다.

학습된 사물이 가운데에 있다고 판단이 되면 직진을, 왼쪽에 있다고 판단이 되면 왼쪽으로 회전을 합니다. 또한 오른쪽에 있다고 판단이 되면 오른쪽으로 회전을 하면서 사물을 따라가도록 합니다. 자동차가 감지되지 않으면 멈춥니다.

허스키렌즈가 인식하는 사물은 x, y 좌표값을 가지고 있습니다.

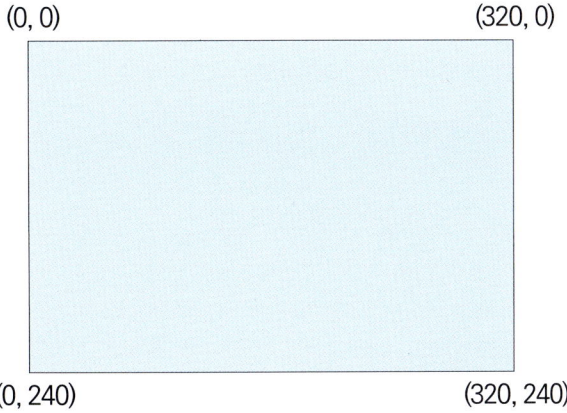

이 좌표를 이용하게 되는데, 이 장에서는 전체 화면을 5개로 나누어 인식된 사물의 위치에 따라서 반응하도록 합니다.

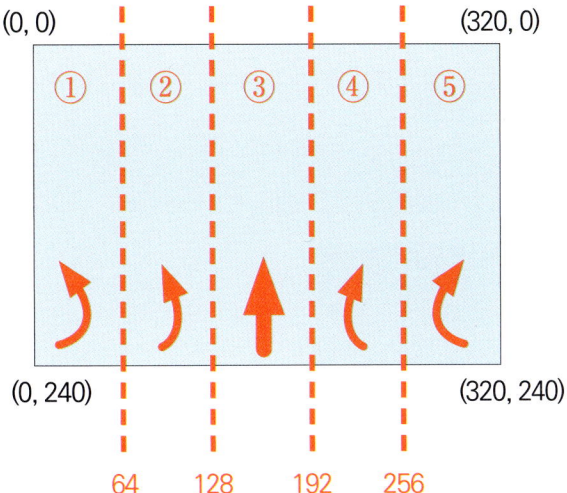

③번 위치에 사물이 위치한 경우는 직진, ②번 위치에서 인식이 되면 조금 좌회전, ①번 위치에서 인식이 되면 ②번 위치에서 인식되는 경우보다 조금 더 좌회전을 하도록 합니다.

1. MakeCode 편집기를 실행합니다. [URL] https://makecode.microbit.org
2. 프로젝트 이름을 "10_마퀸허스키렌즈사물인식"으로 저장하고 새 프로젝트를 생성합니다.
3. 확장 → "maqueen"으로 검색하여 마퀸을 추가합니다.
4. 확장 → "huskylens"로 검색하여 허스키렌즈를 추가합니다.
   마퀸과 허스키렌즈 블록이 추가되었는지 확인합니다.

5. 시작하면 실행 블록에 허스키렌즈를 시작하기 위한 블록들을 추가합니다.
   이번에 사용하는 알고리즘은 사물 인식이므로 Object Recognition 을 선택합니다.

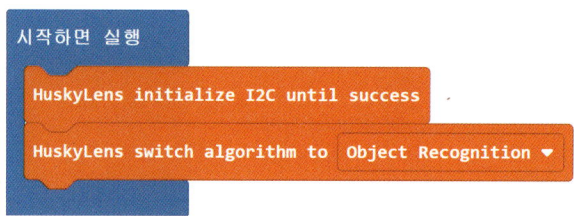

6. 무한반복 실행 블록 안에 HuskyLens request once and save into the result 블록을 가져옵니다.

7. 그리고 인식된 사물의 x, y 좌표를 저장할 변수를 만듭니다.

8. <mark>무한반복 실행</mark> 블록 안에 <mark>만약 …이면 실행, 아니면 실행</mark> 블록을 이용하여 학습시킨 사물이 인식되면 x, y 좌표를 가지고 오도록 블록들을 추가합니다.

9. 허스키렌즈가 학습된 사물을 인식하지 못하면 움직임을 멈춥니다. 즉 허스키렌즈의 시야 내에 다른 자동차가 없는 경우에는 마퀸이 동작을 멈춥니다.

10. 이제 다른 자동차를 인식한 후 그 자동차를 따라가도록 하는 코드를 만들어 봅니다. 앞에서 설명한 것처럼 인식된 자동차의 x좌표에 따라서 직진, 좌회전, 우회전합니다.

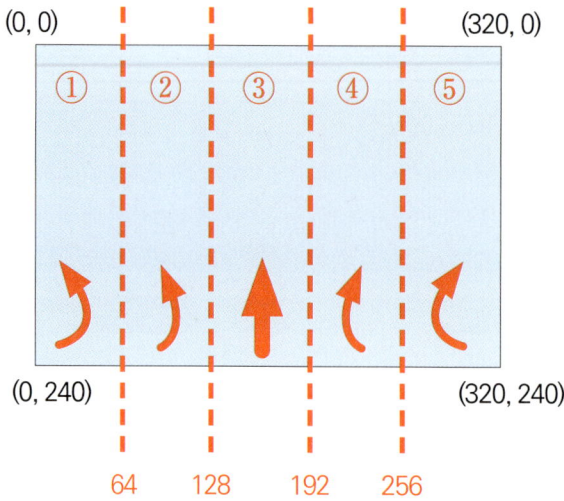

11. 인식된 사물이 ①번 위치, 즉 사물의 x좌표 값이 64보다 작다면 좌회전을 합니다.

```
만약(if)  x위치 < 64  이면(then) 실행
    motor left  move Forward at speed 20
    motor right move Forward at speed 40
```

12. 인식된 사물이 ②번 위치, 즉 사물의 x좌표 값이 64보다 크고 128보다 작다면 조금 작은 각으로 좌회전을 합니다.

```
만약(if)  x위치 ≥ 64  그리고(and)  x위치 < 128  이면(then) 실행
    motor left  move Forward at speed 30
    motor right move Forward at speed 40
```

13. 인식된 사물이 가운데, 즉 ③번 위치(128 ≤ x좌표 값 〈 192)인 경우는 y 좌표 값에 따라서 속도를 조절합니다.

   화면의 위쪽(y좌표 값 〈 120)에서 인식이 되면 조금 빠르게(속도 50) 따라가고 화면의 아래쪽(120 ≤ y좌표 값 〈 240)에서 인식이 되면 조금 느린 속도(속도 30)로 따라갑니다.

```
만약(if) [x위치 ▼] [≥ ▼] (128) 그리고(and) ▼ [x위치 ▼] [< ▼] (192) 이면(then) 실행
    만약(if) [y위치 ▼] [< ▼] (120) 이면(then) 실행
        motor  left ▼  move  Forward ▼  at speed  50
        motor  right ▼  move  Forward ▼  at speed  50
    아니면(else) 실행
        motor  left ▼  move  Forward ▼  at speed  30
        motor  right ▼  move  Forward ▼  at speed  30
```

14. 인식된 사물이 우측(④, ⑤번)에 있다면 마퀸은 우회전을 합니다.

```
만약(if) [x위치 ▼] [≥ ▼] (192) 그리고(and) ▼ [x위치 ▼] [< ▼] (256) 이면(then) 실행
    motor  left ▼  move  Forward ▼  at speed  40
    motor  right ▼  move  Forward ▼  at speed  30

만약(if) [x위치 ▼] [≥ ▼] (256) 이면(then) 실행
    motor  left ▼  move  Forward ▼  at speed  40
    motor  right ▼  move  Forward ▼  at speed  20
```

15. 전체 코드는 다음과 같습니다. 완성된 파일을 마이크로비트에 다운로드합니다.

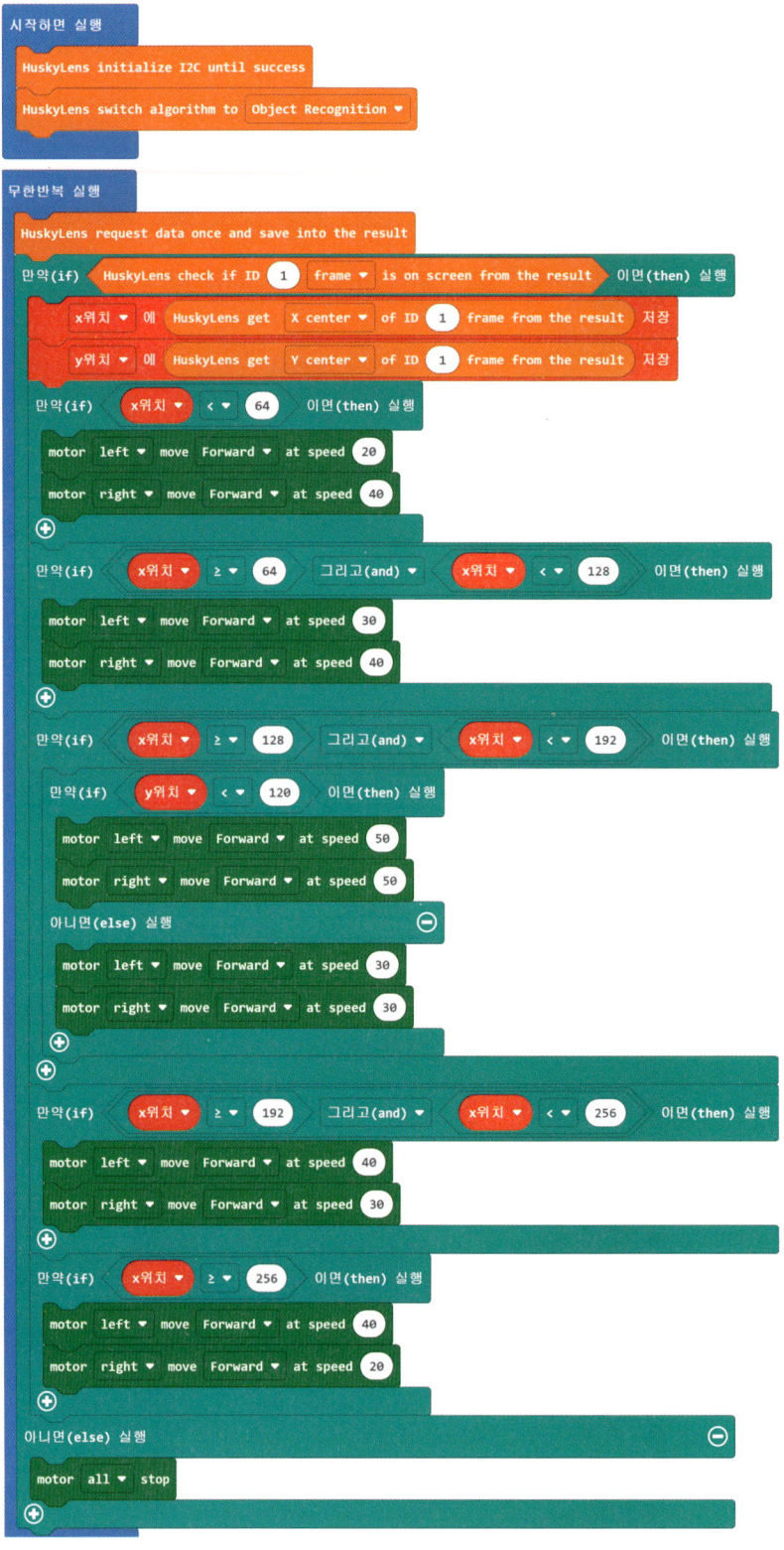

3 마퀸에 허스키렌즈 장착하기

마퀸에 허스키렌즈를 장착하여 동작시켜 보도록 하겠습니다.

9장을 참고하여 마퀸에 허스키렌즈를 장착합니다.

4 마무리하기

자동차가 감지되면 자동차를 잘 따라 움직이나요? 장난감 자동차도 가능하고, 자동차 사진을 출력한 후 나무 막대기 등에 붙여서 활동해도 됩니다.

이건 어떨까요?

이번에는 주로 사물의 x 좌표 값에 따라서 5개 구역으로 나누어 코딩했지만 좀 더 정밀하게 움직이게 하고 싶다면 y 좌표 값도 이용하여 10개 구역으로 나누어 코딩해 보면 좋을 것 같습니다.

11장
마퀸플러스 V2 조립하기

🔍 마퀸플러스 V2에 대해 알아봅시다. **학습목표**

프리뷰	앞에서 마퀸을 가지고 재미있게 놀아 보았습니다. 이번엔 기능을 업그레이드한 마퀸플러스 V2를 소개합니다. 마퀸에서 어떤 부분들이 업그레이드되었는지 살펴볼까요?
핵심 키워드	마이크로비트, 마퀸플러스 V2
준비물	마이크로비트, USB 데이터 케이블, 마퀸플러스 V2, 대용량배터리
학습 시간	하드웨어 설정하기: 15분 / 소프트웨어 코딩하기: 5분
학습 난이도	★★☆☆☆

마퀸플러스 V2 알아보기

눈에 띄게 업그레이드된 것은 바로 배터리 부분입니다.
18650 고용량 리튬 배터리로 전원을 공급하며, 충전과 잔류량 표시가 되어 있어 사용하기 편리합니다. 파츠나, 허스키렌즈 전원 공급에 무리 없이 작동합니다.

모터의 회전속도도 133rpm으로 빠르고, 힘도 좋아서 여러 가지 파츠를 연결시켜도 무리없이 작동합니다.

5개의 라인 추적 센서가 있어 다양한 알고리즘을 만들어 이용할 수 있으며, 센서를 보정하는 기능이 있어서 조금 더 정확하게 라인 트래킹을 할 수 있습니다.

7개의 GPIO 확장포트, 3개의 I2C 확장포트, 3개의 서보 확장포트를 연결해서 다양한 센서를 연결할 수 있는 확장성이 큽니다.
또한 마퀸 메카닉 및 허스키렌즈와 완벽하게 호환이 되어 활용하기 좋습니다.

초음파 센서도 업그레이드되어서 감도가 좋습니다.

그 밖의 사항은 아래 표를 참고하기 바랍니다.

이름	마이크로: 마퀸라이트	마이크로: 마퀸플러스 V2
전원 공급 장치	AAA배터리 또는 CR123A 리튬 전지 (600~800mA)	18650리튬 이온 배터리 (2300mAh~250000mA)
충전 회로	×	○
전력 디스플레이	×	○
인코더 및 PID컨트롤	×	○
HuskylensAI카메라 설치 지원	×	○
라인 추적 센서 보정 지원	○	○
라인 추적 센서의 아날로그 판독 지원	×	○
라인 추적 센서 수	2	5
IO확장포트 수	4	11
서보 포트 수	2	3
기계식 팽창 나사산 수	2	16
모터 정격 회전 속도	145rpm	133rpm
LED컬러	빨간색 LED	빨간색 LED
초음파 모형	H-SR04	H-SR04
Huskylens를 사용한 지속적인 사용 시간	30min	180min
표준 연속 사용 시간	8h	24h
라인 추적 맵과 함께 제공	×	○
온보드 IR수신기 및 부저	○	○
온보드 WS2812 RGBLED	○	○

❷ 마퀸플러스 구조 알아보기

마퀸플러스에 대해 상세히 살펴보도록 하겠습니다.

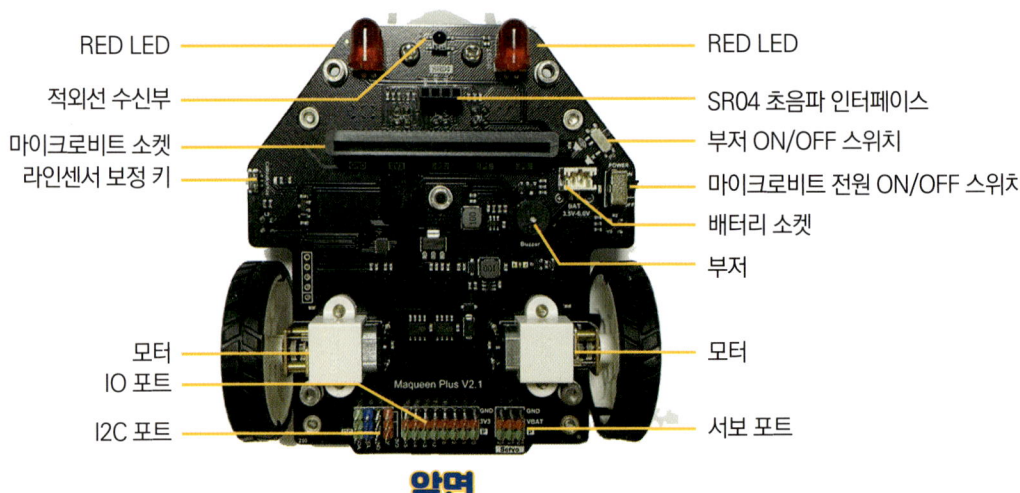

앞면

배터리판

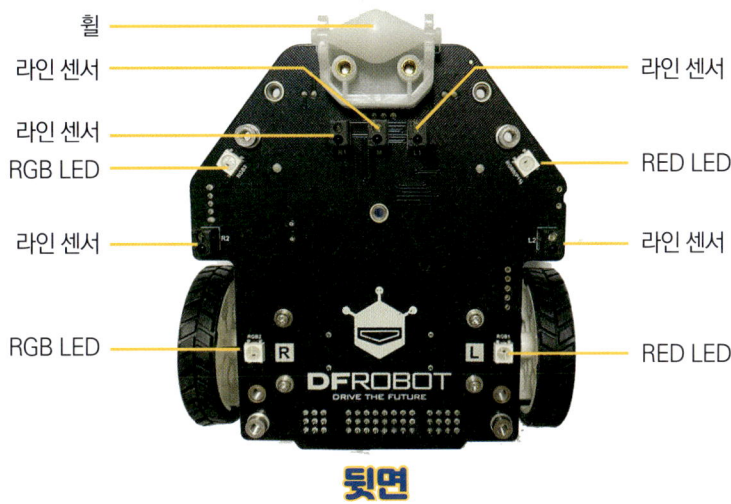

뒷면

11장 마퀸플러스 V2 조립하기 **117**

③ 교구 준비하기

이제 마퀸플러스 V2 조립에 필요한 교구들을 살펴보겠습니다.

준비물

마이크로비트, 마퀸플러스 v2.0 키트 (마퀸플러스 v2.0, 초음파 센서), 18650 리튬 이온 배터리 1개(별도구매), USB 데이터 케이블

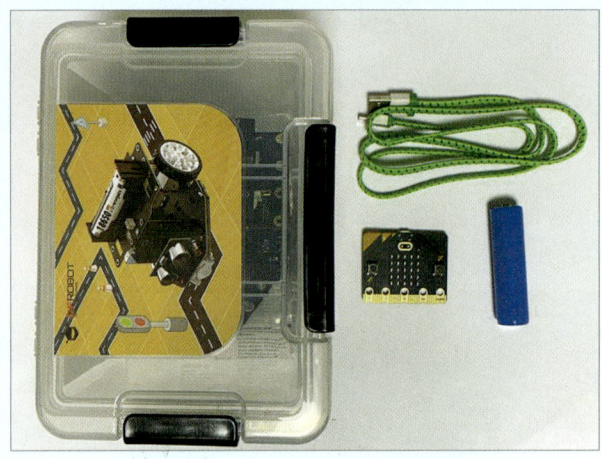

마퀸 키트 내용물

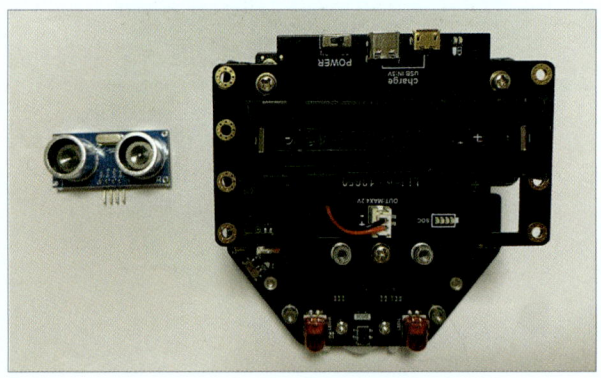

④ 마퀸플러스 V2 조립하기

자, 이제 마퀸플러스 V2를 조립하겠습니다.

1. 배터리를 끼워 줍니다.

18650 고용량 리튬 배터리를 +, - 위치를 확인해서 배터리케이스에 끼워 넣습니다. 배터리는 별도구매입니다.

2. 초음파 센서를 본체에 꽂아줍니다.

초음파 센서가 정면을 향하도록 초음파를 인터페이스에 꽂아줍니다.

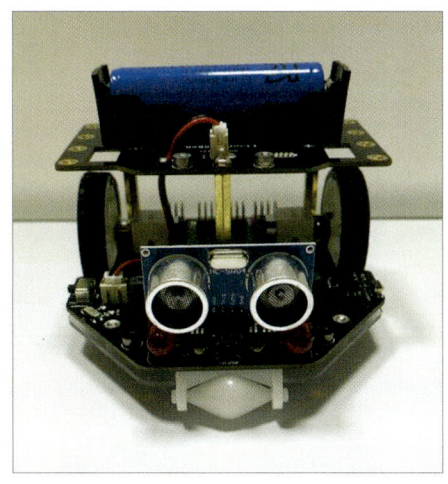

3. **마이크로비트를 본체에 꽂아 줍니다.**

마이크로비트가 정면을 향하도록 본체의 마이크로비트 슬롯에 꽂아 줍니다.

마퀸과 마퀸플러스 V2의 차이를 아시겠어요?

마퀸플러스 V2가 조금 더 크고, 튼튼하며, 여러 센서와 파츠 그리고 허스키렌즈를 연결해서 다양한 프로젝트를 하실 수 있습니다.

memo

12장

마퀸플러스 V2 동작하기

🔍 RGB값에 대해 알아보고, 마퀸플러스 V2를 농삭해봅니다.   **학습 목표**

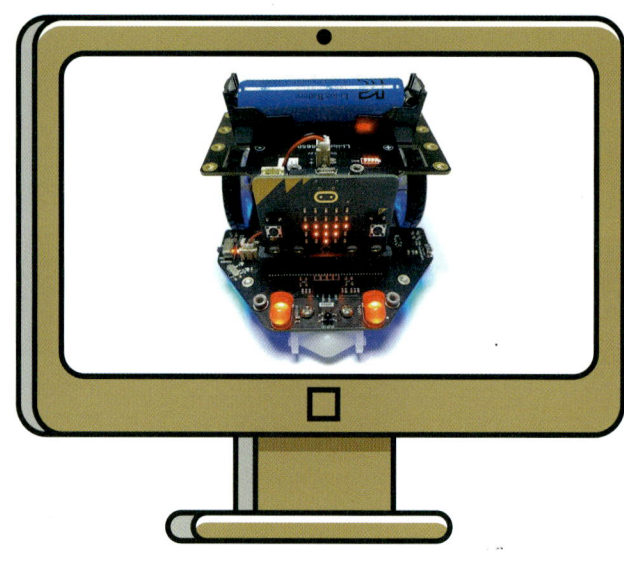

프리뷰	빛의 삼원색인 RBG값에 대해 알아보고, 마퀸플러스 V2 LED와 소리를 동작시켜볼까요?
핵심 키워드	마이크로비트, 마퀸플러스 V2, RGB
준비물	마이크로비트, USB 데이터 케이블, 마퀸플러스 V2
학습 시간	하드웨어 설정하기: 10분 / 소프트웨어 코딩하기: 10분
학습 난이도	★★★☆☆

1 RGB 알아보기

1. RGB란?

빛의 삼원색을 뜻하는 말이며 **빨간색**(Red), **초록색**(Green), **파란색**(Blue)이라고 합니다. 색을 모두 합치면 흰색(white)이 되고, 세 가지 색을 모두 제외하면 검은색(black)이 됩니다. 디지털에서는 각 색의 밝기를 숫자로 나타내고, 색에 몇 비트씩 할당하여 표현합니다. 비트 수에 따라 표현할 수 있는 색상 수가 달라집니다.

MakeCode 편집기에서 사용할 수 있는 색깔 블록은 red, green, blue, yellow, violet, cyan, white, 7색상과 off를 선택할 수 있습니다.

2 코딩하기

마퀸플러스 V2의 RGB LED의 색이 변화되면서 연주를 하는 코딩을 하겠습니다.

1. MakeCode 편집기를 실행합니다. [URL] https://makecode.microbit.org/
2. 프로젝트 이름을 "12_마퀸플러스V2동작"으로 저장하고 새 프로젝트를 생성합니다.
3. 확장 → 검색 창에 아래의 url을 입력하여 추가합니다.

   https://github.com/DFRobot/pxt-DFRobot_MaqueenPlus_v20

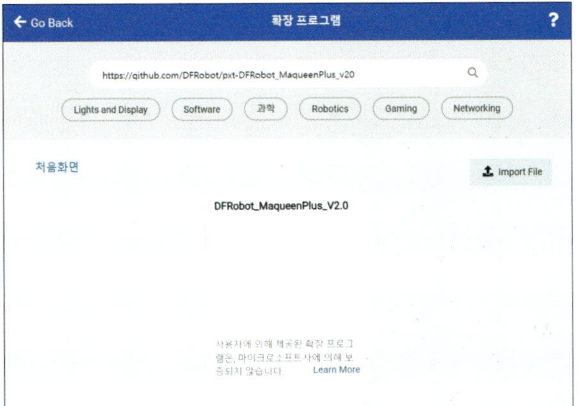

4. Maqueen Plus V2 블록, IR 블록이 추가되었습니다.

IR 블록은 Maqueen 확장 블록 추가시 추가된 블록과 동일합니다.

Maqueen Plus V2 블록을 살펴보면 다음과 같습니다.

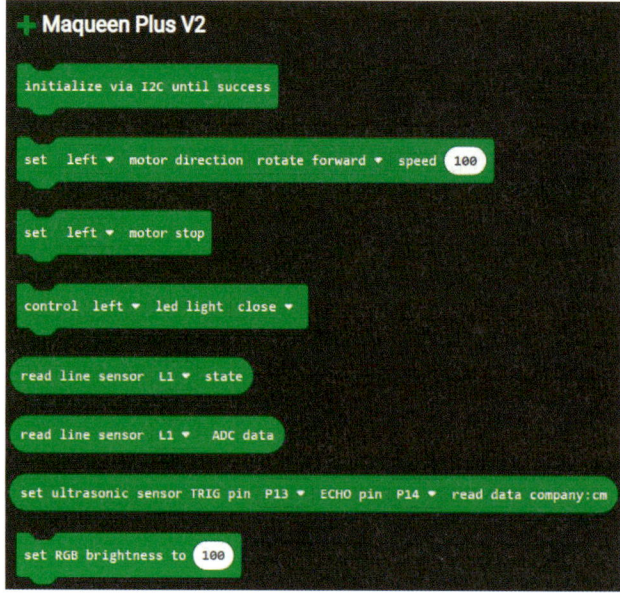

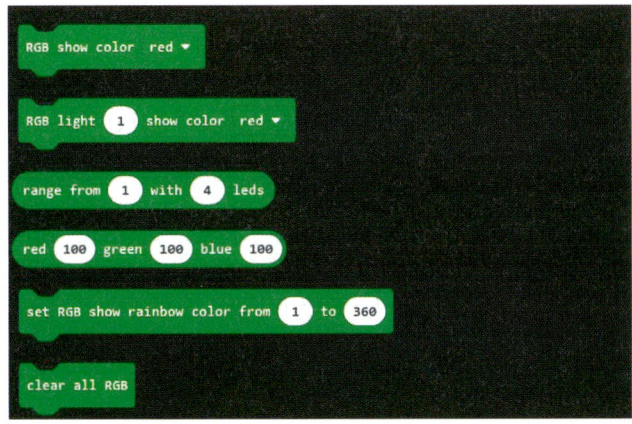

5. 노래가 재생되면 위쪽 빨간색 LED는 1초 간격으로 모두 켜졌다가 오른쪽만 켜지고 왼쪽만 켜지기를 무한반복되고 하단의 RGB LED는 파란색, 초록색, 빨간색이 1초 간격으로 켜지기를 무한반복되도록 코딩해 보도록 하겠습니다.

6. 시작하면 실행 블록에

   음악 - 다다둠 멜로디 한번 출력 블록 추가한 후,

   다다둠 → 엔터테이너, 한번 → 무한으로 변경합니다.

7. Maqueen Plus V2 - set RGB brightness to 100 블록 추가하고,

   기본 - 아이콘 출력 ♥ 블록 추가합니다.

8. 무한반복 실행 블록에

    `Maqueen Plus V2` - `control left led light close` 블록 추가하고, left → all 변경합니다.

    `기본` - `일시중지 100ms` 블록 추가하고, 100ms → 1초 로 변경합니다.

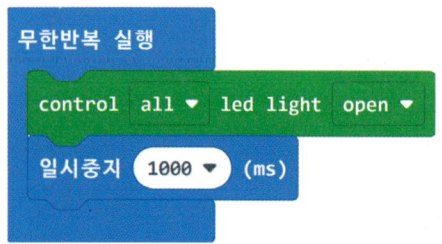

9. `Maqueen Plus V2` - `control left led light close` 블록을 2번 추가하고

    두번째 추가한 블록에서 left → right, close → open 로 변경합니다.

    `기본` - `일시중지 100ms` 블록 추가하고, 100ms → 1초 로 변경합니다.

10. `Maqueen Plus V2` - `control left led light close` 블록을 2번 추가하고,

   첫번째 추가한 블록에서 close → open 로 변경,

   두번째 추가한 블록에서 left → right 로 변경합니다.

   `기본` - `일시중지 100ms` 블록 추가하고, 100ms → 1초 로 변경합니다.

11. `기본` - `무한반복 실행` 블록을 추가한 후 블록안에

   `Maqueen Plus V2` - `RGB show color red` 블록을 추가하고, red → blue로 변경합니다.

   `기본` - `일시중지 100ms` 블록 추가하고, 100ms → 1초 로 변경합니다.

12. `Maqueen Plus V2` - `RGB show color red` 블록을 추가하고, red → green 으로 변경합니다.

   `기본` - `일시중지 100ms` 블록 추가, 100ms → 1초 로 변경합니다.

13. Maqueen Plus V2 - RGB show color red 블록을 추가합니다.

    기본 - 일시중지 100ms 블록 추가하고, 100ms → 1초 로 변경합니다.

14. 완성된 파일을 마이크로비트에 다운로드합니다.

    〈완성된 소스〉

연주소리가 안 들린다면 소리 on/off 스위치를 확인해 보세요.

③ 마무리하기

마퀸플러스 V2가 LED 빛에 맞춰 연주도 잘 하는지 확인해 봅니다.

이건 어떨까요? 이 프로젝트를 잘 이해했다면 다음 문제를 풀어 보세요.

- 음악꾸러미의 다양한 블록을 사용하여 음악을 만들어서 연주해 보세요.
- 마퀸플러스 V2를 움직이면 연주하고 빛을 낼 수 있도록 만들어 보세요.
- 마이크로비트 V2의 소리센서와 마퀸플러스 V2의 LED센서를 이용해 보세요.

13장

마퀸플러스 V2로 라인 따라 움직이기

마퀸플러스 V2(maqueen plus V2)의 라인 트레이싱(line tracing) 기능에 대해서 알아보고 라인 트레이싱 로봇을 만들어 봅니다.

학습 목표

프리뷰	4장에서 마퀸을 이용한 라인 트레이싱 기능을 구현해 봤었습니다. 이번 13장에서는 마퀸플러스 V2가 제공하는 라인 트레이싱 기능은 어떤 것이 있는지 알아보고 추가된 기능을 활용하여 좀 더 정밀한 라인 트레이싱 로봇을 구현해 보도록 하겠습니다.
핵심 키워드	마이크로비트, 마퀸플러스 V2, 라인 트레이싱
준비물	마이크로비트, 마퀸플러스 V2, 트랙 맵 혹은 흰 종이, 검정 매직(또는 검정 테이프), USB 데이터 케이블
학습 시간	하드웨어 설정하기: 5분 / 소프트웨어 코딩하기: 30분
학습 난이도	★★☆☆☆

1 마퀸플러스 V2의 라인 트래킹 센서 알아보기

마퀸플러스 V2는 마퀸에 비해 라인 트래킹 센서(line tracking sensor)의 개수가 많습니다. 마퀸은 라인 트래킹 센서가 2개지만 마퀸플러스 V2는 5개입니다. 본체의 하단에 부착되어 있습니다.

> 일반적으로 라인을 따라 자동으로 움직이는 로봇을 라인 트레이싱(line tracing) 로봇이라고 합니다. 그러나 마퀸플러스 V2의 제조사가 제공한 설명서에는 라인 트레이싱에 사용하는 센서를 라인 트래킹 센서(line tracking sensor)라 명시하고 있으므로 센서에 대해 소개할 때는 라인 트래킹 센서라고 부르겠습니다.

중앙에 있는 3개의 센서(R1, M, L1)로 주로 직선을 감지합니다. 좌우 바퀴 앞쪽의 센서(R2, L2)를 이용하여 직선과 직교하는 좌우 회전을 위한 수직선을 검색할 수 있습니다.

라인 트래킹 센서는 환경(주변 밝기 등)에 따라 선을 감지하지 못할 수 있습니다. 마퀸플러스 V2에서 검출 감도를 보정하는 기능(보정 버튼)을 탑재하고 있어 필요한 경우 보정 후 사용하면 됩니다.

보정하는 방법은 다음과 같습니다.

1. 마퀸플러스 V2를 트랙 맵(Track map, 마퀸플러스 V2 구입 시 내장)의 보정 영역 위에 올려두고 전원을 켭니다. 이때 마퀸플러스 V2의 본체가 보정 영역 위에 모두 들어오도록 올려둡니다.

2. 1초 동안 "Calibration Key"를 누릅니다. 전면의 큰 LED(자동차 라이트)에 불이 들어옵니다.

"Calibration Key"를 놓으면 보정이 완료됩니다.

보정된 값은 자동으로 저장이 되며 매번 보정할 필요는 없어요.

1. 그레이스케일(Grayscale) 센서란?

마퀸플러스 V2가 라인 트래킹 센서로 사용하는 것은 그레이스케일(Grayscale) 센서입니다. 그레이스케일(Grayscale) 센서는 가까운 거리를 직접 조준하여 물체와 표면의 색상을 감지할 수 있습니다.

그레이스케일 센서는 적외선 송신기(IR Transmitter)와 적외선 수신기(IR Receiver)를 가지고 있습니다.

센서의 송신부에서 적외선을 발사하여 물체에 반사되어 수신부로 들어오는 값으로 물체를 인식합니다. 검정색은 센서에서 발사한 적외선이 흡수되어 수신부로 들어오는 적외선이 없습니

다. 이런 원리를 이용하여 검정색과 흰색을 구분할 수 있습니다.

또한 마퀸플러스 V2는 각 라인 트래킹 센서의 값을 디지털 혹은 아날로그 값으로 읽어 오는 것이 가능합니다.

단순히 선의 여부를 확인하기 위해서는 아래 블록을 사용하여 디지털 값으로 읽어 오면 됩니다. 검정색 선 위에 있을 때는 센서의 값은 1이 되며 흰색 위에 있을 때는 센서 값은 0이 됩니다.

`read line sensor M ▼ state`

라인 트래킹 센서는 제조사에 따라서 검정색을 1, 흰색을 0으로 인식하기도 하고 반대로 인식하기도 합니다. 항상 센서 값을 먼저 확인하고 기능을 구현해야 해요.

혹은 바닥의 색상의 차이에 의해 반응하고자 한다면 아래 블록을 사용하여 아날로그 값을 읽어 오면 됩니다.

`read line sensor M ▼ ADC data`

2. 마퀸플러스 V2의 5개 라인 트래킹 센서의 사용법 알아보기

마퀸플러스 V2는 마퀸에 비해서 라인 트래킹 센서가 3개 더 많습니다.

이것을 어떻게 사용할 수 있을지 간단하게 알아보겠습니다.

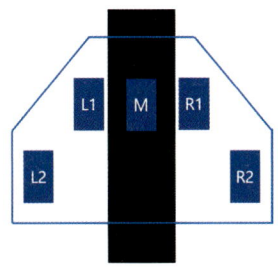

우선 L1, M, R1 센서를 이용하여 라인 트레이싱이 가능합니다. M이 검정색 위에, L1과 R1이 흰색 위에 있는 경우는 직진합니다. 트레이싱하기 위한 검정색 선의 폭은 1.5cm 정도로 설정해야 합니다. 이 교재는 마퀸플러스 V2 구입시 제공되는 Track Map-V1.2 기준으로 설명하고 있습니다.

13장 마퀸플러스 V2로 라인 따라 움직이기 **133**

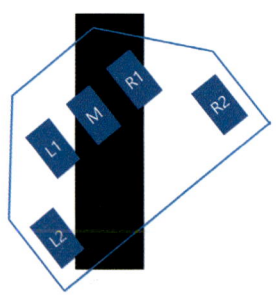

R1이 흰색을 벗어나 검정색 영역에 들어가게 되면 마퀸플러스 V2를 오른쪽으로 회전시켜 다시 R1을 검정색 영역에서 벗어나게 합니다.

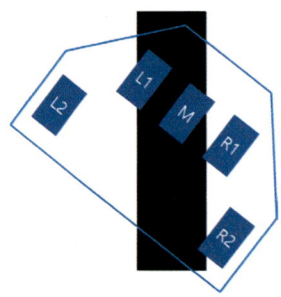

L1이 흰색을 벗어나 검정색 영역에 들어가게 되면 마퀸플러스 V2를 왼쪽으로 회전시켜 다시 L1을 검정색 영역에서 벗어나게 합니다.

또한 이렇게 되는 경우 지그재그 형태로 움직이며 검정색 선을 따라가게 됩니다.

이 경우 속도가 충분히 느린 상태여야 합니다.

L2와 R2는 꺾어진 길을 찾는 용도로 사용할 수 있습니다.

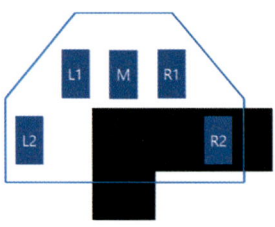

위 그림처럼 직진하다가 한쪽 방향으로 선이 휘어지는 경우 이미 L1과 R1, M은 흰색 바탕 위에 있기 때문에 값이 0을 출력합니다. 이때 L2나 R2에 값이 1이 인식이 된다면 이 길은 한쪽 방향으로 휘어지는 길이라 판단할 수 있을 것이므로 값이 1이 나온 방향으로 L1, M, R1이 검정색 선을 찾을 때까지 회전하면 됩니다.

간단하게 각각의 라인 트래킹 센서를 어떻게 사용할 수 있는지 알아보았습니다. 사용하고자 하는 맵의 복잡도나 요구 사항에 따라서 라인 트래킹 센서를 어떻게 적용할 것인지 고민해야 할 것입니다.

 원 따라가기 -1

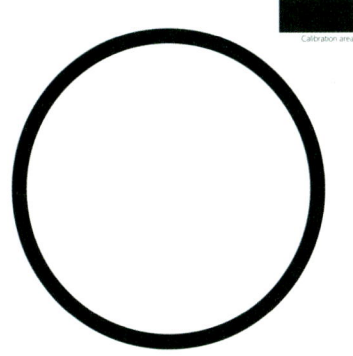

마퀸플러스 V2가 위와 같은 원을 따라가도록 만들어 봅니다. 마퀸플러스 V2 구입 시 들어 있던 Track Map-V1.2을 이용합니다.

> 라인을 직접 그린다면 1.5cm 이하 너비로 선을 그려주세요.
> 바닥의 R1과 L1 두 센서 사이에 선이 들어가야 합니다.

1. 알고리즘

이번에도 L1, M, R1만 이용하여 마퀸플러스 V2가 검정색 선을 따라가도록 만들어 봅니다. 알고리즘은 다음과 같이 동작합니다.

1. L1, M, R1 중 어떤 센서라도 검정색 위에 있을 때만 움직이고 모두 흰색 위에 있는 경우는 멈춥니다.
2. M이 1이고 L1과 R1이 모두 0이면 즉, 중앙의 M 센서만 검정색 선 위에 있으면 직진합니다.

3. M이 1이고 L1이 1, R1이 0이면 마퀸플러스 V2가 선의 오른쪽으로 살짝 치우쳐 있는상태이므로 왼쪽으로 조금만 회전합니다.

2. 알고리즘에 따라 코딩하기

마퀸플러스 V2이 원을 따라 움직이도록 코딩을 해보겠습니다.

1. MakeCode 편집기를 실행합니다. [URL] https://makecode.microbit.org
2. 프로젝트 이름을 "13_마퀸플러스라인트레이싱_원2"으로 저장하고 새 프로젝트를 생성합니다.
3. 마퀸플러스 V2 확장 블록을 추가하기 위하여 확장 프로그램 검색창에 아래 URL을 입력합니다. https://github.com/DFRobot/pxt-DFRobot_MaqueenPlus_v20 [DFRobot_MaqueenPlus_V2.0]을 추가합니다.

4. 시작하면 실행 블록에 initialize via I2C until success 블록을 삽입합니다.

5. 무한반복 실행 블록에는 앞에서 설명한 알고리즘을 구현합니다.
L1, M, R1 센서 값을 직접 사용해도 되지만 코드가 길어지므로 변수에 저장한 후에 사용합니다.

6. 먼저 M만 검정색 선 위에 있는 경우는 직진을 합니다. L1은 0, M은 1, R1은 0인 상태입니다. '그리고' 블록은 논리 - 불(참,거짓)논리 연산 에 있습니다.

7. M과 L1이 검정색 선 위에 있는 경우는 왼쪽으로 회전합니다.

8. M과 R1이 검정색 선 위에 있는 있는 경우는 오른쪽으로 회전합니다.

```
무한반복 실행
  L1 에 read line sensor L1 state 저장
  M 에 read line sensor M state 저장
  R1 에 read line sensor R1 state 저장
  만약(if) L1 = 0 그리고(and) M = 1 그리고(and) R1 = 0 이면(then) 실행
    set all motor direction rotate forward speed 30
  만약(if) L1 = 1 그리고(and) M = 1 그리고(and) R1 = 0 이면(then) 실행
    set left motor direction rotate forward speed 0
    set right motor direction rotate forward speed 30
  만약(if) R1 = 1 그리고(and) M = 1 그리고(and) L1 = 0 이면(then) 실행
    set left motor direction rotate forward speed 30
    set right motor direction rotate forward speed 0
  일시중지 100 (ms)
```

9. 완성된 파일을 마이크로비트에 다운로드합니다.

마퀸플러스 V2 구입시 제공되는 Track Map V1.2 트랙 위에 마퀸플러스 V2를 올려두고 테스트를 시작합니다.

마퀸플러스 V2가 잘 동작하나요? 속도를 높이면 어떻게 동작하나요?

③ 원 따라가기-2

앞에서 했던 라인 트레이싱 알고리즘은 조금만 속도가 빨라져도 검정색 선을 넘어가서 길을 못 찾게 됩니다.

조금 알고리즘을 수정해보겠습니다.

1. 알고리즘

이번에도 L1, M, R1만 이용하여 마퀸플러스 V2가 검정색 선을 따라가도록 만들어 봅니다. 알고리즘은 다음과 같이 동작합니다.

1. L1, M, R1 중 어떤 센서라도 검정색 위에 있을 때만 움직이고 모두 흰색 위에 있는 경우는 멈춥니다.
2. M이 1이고 L1과 R1이 모두 0이면 즉, 중앙의 M 센서만 검정색 선 위에 있으면 직진합니다.
3. M이 1이고 L1이 1, R1이 0이면 마퀸플러스 V2가 선의 오른쪽으로 살짝 치우쳐 있는상태 이므로 왼쪽으로 조금만 회전합니다.
4. 속도에 따라서는 단계 3으로 경로를 수정하기도 전에 M이 검정색 선을 벗어나 흰색 위에 있게 되기도 합니다. 즉 L1이 1이고 M이 0, R1이 0이면 마퀸플러스 V2가 선의 오른쪽으로 많이 치우쳐 있는 상태이므로 왼쪽으로 많이 회전시켜 경로를 찾아야 합니다.
5. 반대로 마퀸플러스 V2가 선의 왼쪽으로 많이 치우쳐 있는 경우 즉, L1과 M이 0이고 R1만 1인 경우는 다시 오른쪽으로 많이 회전시켜 경로를 찾습니다.

2. 알고리즘에 따라 코딩하기

마퀸플러스 V2이 원을 따라 움직이도록 코딩을 해보겠습니다.

1. MakeCode 편집기를 실행합니다. [URL] https://makecode.microbit.org
2. 프로젝트 이름을 "13_마퀸플러스라인트레이싱_원2"으로 저장하고 새 프로젝트를 생성합니다.
3. 마퀸플러스 V2 확장 블록을 추가하기 위하여 확장 프로그램 검색창에 아래 URL을 입력합니다.
   https://github.com/DFRobot/pxt-DFRobot_MaqueenPlus_v20
   [DFRobot_MaqueenPlus_V2.0]을 추가합니다.

4. 시작하면 실행 블록에 initialize via I2C until success 블록을 삽입합니다.

5. 무한반복 실행 블록에는 앞에서 설명한 알고리즘을 구현합니다.

L1, M, R1 센서 값을 직접 사용해도 되지만 코드가 길어져서 변수에 저장한 후에 사용합니다.

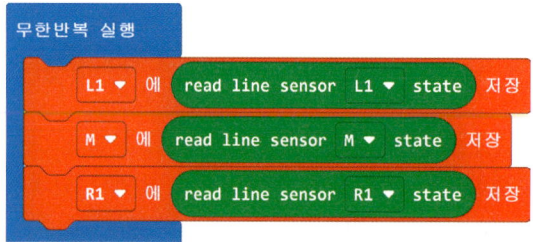

6. 우선 L1, M, R1 중 하나라도 검정색 선에 위에 있으면 동작, 그렇지 않으면 즉, 모두 흰색 위에 있으면 멈추도록 조건문을 추가합니다.

7. 가운데 센서인 M만 1인 경우 진직합니다.

8. 마퀸플러스 V2가 선의 오른쪽으로 살짝 치우쳐 L1와 M이 검정색 선 위에 있는 경우 왼쪽으로 조금만 회전합니다.

9. 마퀸플러스 V2가 선의 오른쪽으로 많이 치우쳐 L1만 검정색 선 위에 있는 경우 왼쪽으로 많이 회전합니다.

10. 마퀸플러스 V2가 선의 왼쪽으로 많이 치우쳐 R1만 검정색 선 위에 있는 경우 오른쪽으로 많이 회전합니다.

11. 완성된 파일을 마이크로비트에 다운로드합니다

마퀸플러스 V2가 검정색 선을 잘 따라 가나요? 길이 너무 휘어지거나 각이 있는 경우는 길을 찾지 못하고 멈추기도 합니다.
조금 더 길을 잘 찾을 수 있도록 자신만의 알고리즘을 개발해 봅시다.

4. 교차로 따라가기

이번 절에서는 교차로를 따라 길을 찾는 라인 트레이싱 로봇을 만들어 봅니다.

1. 교차로 따라가기 알고리즘

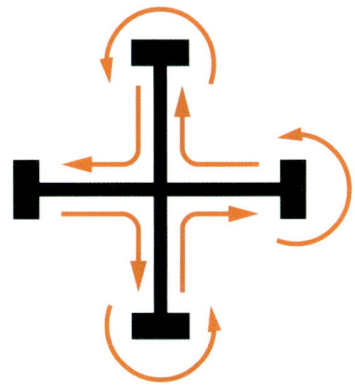

위 그림과 같이 움직이도록 하기 위한 알고리즘은 다음과 같습니다. 이번에는 교차로에서 우회전을 하고, 막다른 곳에서는 좌회전을 하는 것으로 약속합니다.

위 그림처럼 트랙을 그려서 활동합니다. 기본선은 두께를 1.5cm이내로 그려주세요.

1. M만 1이면 직진합니다.
2. L1과 M이 1, R1이 0이면 선의 오른쪽으로 넘어간 상태이므로 제자리에서 왼쪽으로 회전합니다.
3. L1은 0, M과 R1이 1이면 선의 왼쪽으로 넘어간 상태이므로 제자리에서 오른쪽으로 회전합니다.
4. M과 L1와 R1가 모두 0이면 즉, 모두 흰 바탕 위에 있으면 왼쪽으로 회전합니다.
5. M과 L1와 R1가 모두 1이면 교차로라고 판단할 수 있으므로 이때는 오른쪽으로 회전합니다.

2. 알고리즘에 따라 코딩하기

마퀸플러스가 교차로를 따라 움직이도록 코딩을 해보겠습니다.

1. MakeCode 편집기를 실행합니다. [URL] https://makecode.microbit.org
2. 프로젝트 이름을 "13_마퀸플러스라인트레이싱_교차로"으로 저장하고 새 프로젝트를 생성합니다.
3. 마퀸플러스 V2 확장 블록을 추가하기 위하여 확장 프로그램 검색창에 아래 URL을 입력합니다. https://github.com/DFRobot/pxt-DFRobot_MaqueenPlus_v20 [DFRobot_MaqueenPlus_V2.0]을 추가합니다.
4. 시작하면 실행 블록에 initialize via I2C until success 블록을 삽입합니다.

5. 무한반복 실행 블록에 L1, M, R1 값을 변수에 저장하기 위한 블록들을 추가합니다.

6. M만 1인 경우 직진합니다. 교차로 활동은 다시 속도를 줄여서 움직이도록 합니다.

7. L1과 M이 1, R1이 0이면 선의 오른쪽으로 넘어간 상태이므로 제자리에서 왼쪽으로 회전합니다.

8. L1은 0, M과 R1이 1이면 선의 왼쪽으로 넘어간 상태이므로 제자리에서 오른쪽으로 회전합니다.

9. M과 L1와 R1가 모두 0이면 즉, 모두 흰 바탕 위에 있으면 왼쪽으로 회전합니다. 이때는 왼쪽 바퀴는 후진하고 오른쪽 바퀴는 전진하여 회전합니다.

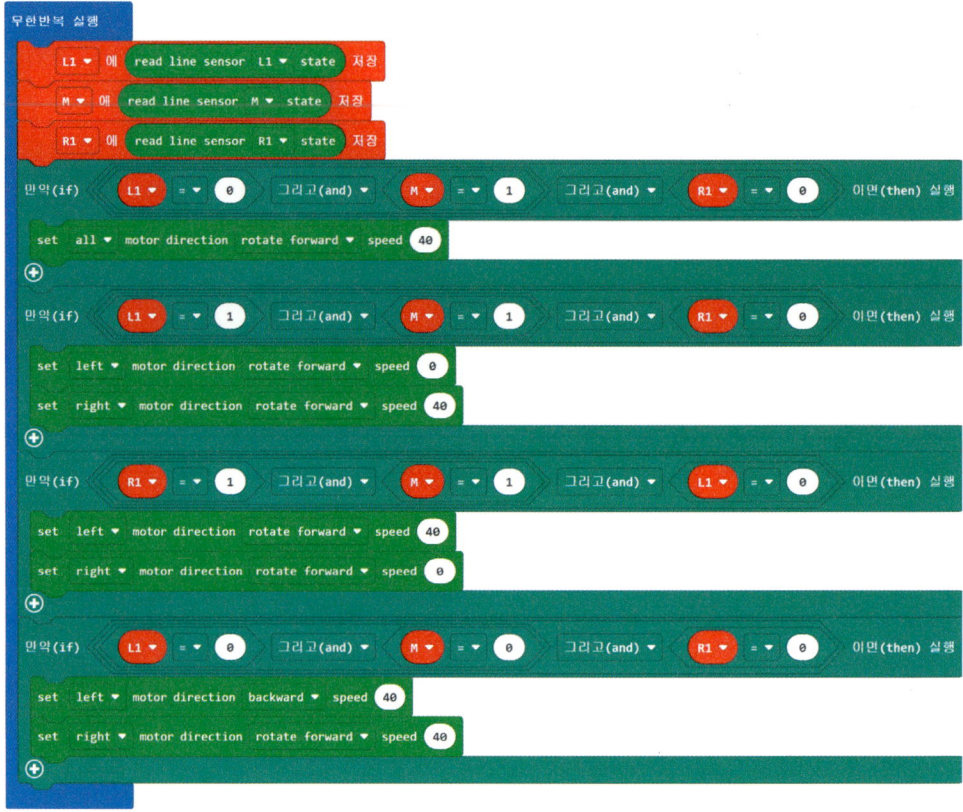

10. M과 L1와 R1가 모두 1이면 교차로라고 판단할 수 있으므로 이때는 오른쪽으로 회전합니다. 이때는 오른쪽 바퀴는 후진하고 왼쪽 바퀴는 전진하여 회전합니다.

11. 완성된 파일을 마이크로비트에 다운로드합니다

마퀸플러스가 길을 잘 인식하지 못하나요? 바닥의 활동지가 구겨지지 않았는지 확인해 주세요. 특히 검정색 선 부분이 구겨져 있으면 빛 반사로 인해 센서가 잘 인식하지 못하는 경우도 있습니다.

⑤ 마무리하기

마퀸플러스 V2가 라인을 잘 따라가나요? 같은 알고리즘이라도 속도에 따라서도 동작이 달라집니다. 책에 있는 내용이 이해가 되었다면 자신만의 알고리즘을 만들어 동작을 시켜봅니다.

📚 이건 어떨까요?

이번에는 검정 바탕에 흰색 선을 따라가는 라인 트레이싱 로봇을 만들어 볼까요?

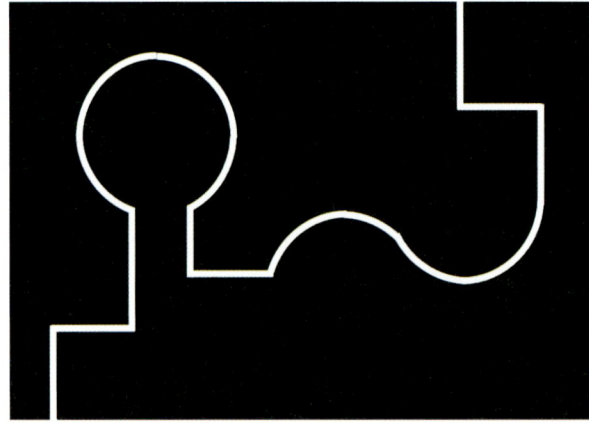

다양한 기관과 대학교 등에서 라인 트레이서 대회를 개최하고 있습니다. 그런 대회 내용들을 참고해서 좀 더 다양한 라인 트레이싱 맵을 만들어 보고 그 맵에서 잘 동작하는 라인 트레이싱 로봇을 만들어 보세요.

memo

14장

마퀸플러스 V2 파츠 활용하기 1 (Loader & Beetle)

🔍 마퀸플러스 V2에 메카닉 파츠를 추가하여 로더와 비틀을 만들어 봅니다. | **학습 목표**

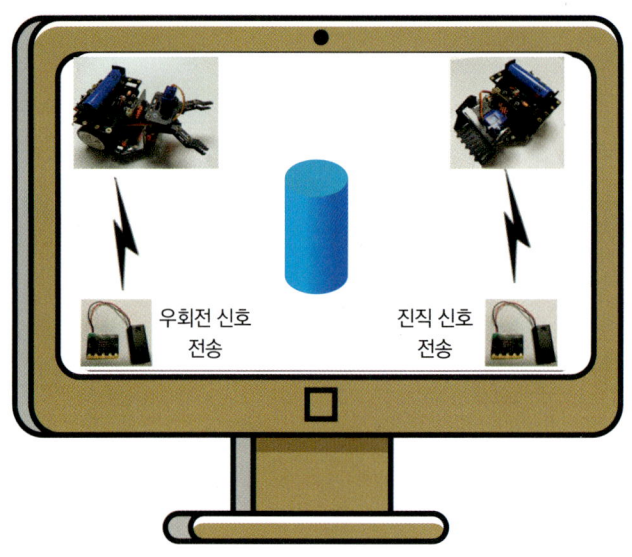

프리뷰	마퀸플러스 V2에 메카닉 파츠를 추가하여 물건을 들어올릴 수 있는 Loader(로더), 물건을 잡을 수 있는 Beetle(비틀)을 만들어 보겠습니다. 다른 한 개의 마이크로비트를 추가하여 로더와 비틀을 무선 조종해 보도록 하겠습니다.
핵심 키워드	마이크로비트, 마퀸플러스 V2, 메카닉 파츠, 로더, 비틀
준비물	마이크로비트, 마퀸플러스 V2, 메카닉 파츠(로더용, 비틀용), USB 데이터 케이블
학습 시간	하드웨어 설정하기: 30분 / 소프트웨어 코딩하기: 30분
학습 난이도	★★★☆☆

동작 원리 알아보기

7장, 8장에서 배웠던 라디오 통신을 이용하여 조종기와 무선 자동차를 만들어 보겠습니다. 조종기 마이크로비트는 가속도 센서가 흔들림을 감지하거나 버튼이 눌리면 그에 따른 신호를 보냅니다. 무선 자동차 마퀸플러스 V2 로더와 비틀은 받은 신호에 따라 움직입니다.

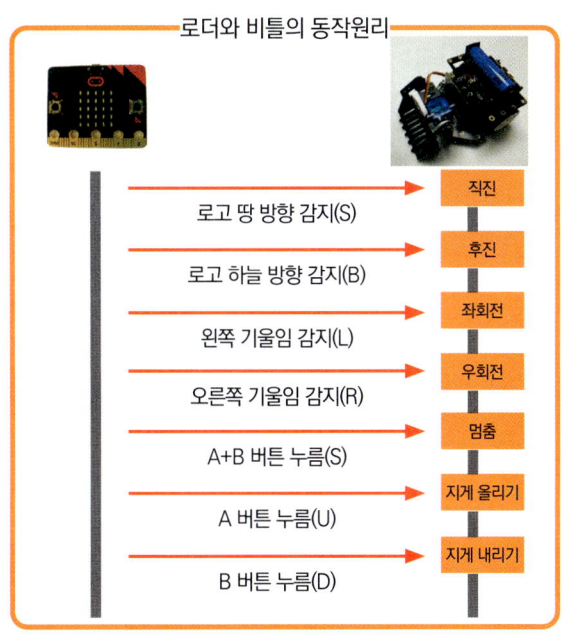

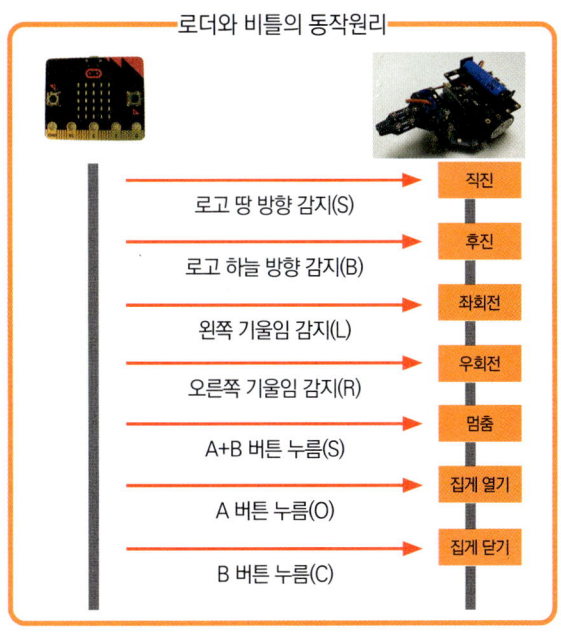

로더와 비틀의 동작 원리는 동일합니다. 단, 로더의 집게를 올리고 내리기, 비틀의 집게를 열고 닫기 시 서보모터의 동작 크기만 달라집니다.

② Loader 만들기

1. 재료 준비하기

2. 하드웨어 연결하기

1. 서보모터를 Loader Servo Panel에 장착합니다.

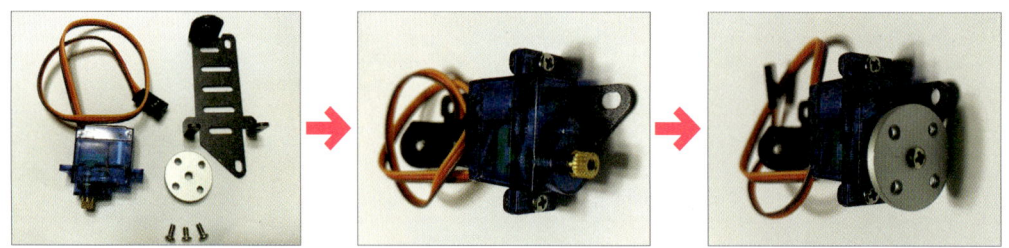

2. 완성된 Loader Servo Panel을 Loader Bucket에 장착합니다.

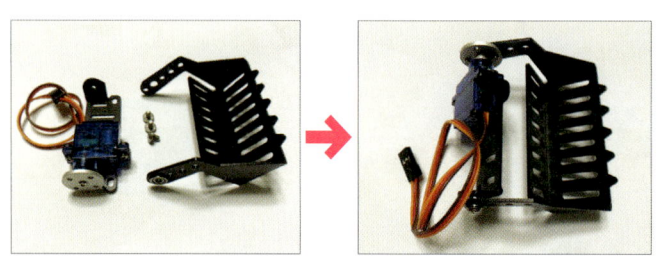

3. 마퀸플러스 V2 확장보드에 Copper Bolt를 장착합니다.

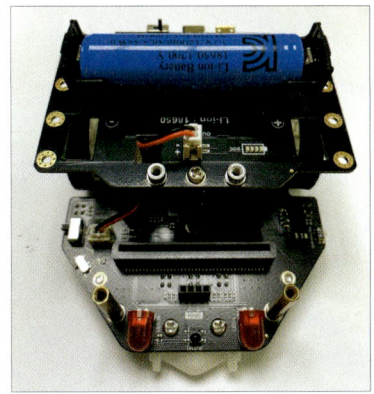

4. 완성된 Loader Bucket을 Copper Bolt 위에 장착합니다.

5. 마퀸플러스 V2 Servo port 단자에 Servo 모터의 케이블을 연결합니다.
단자의 색깔과 케이블의 색깔을 맞춰 연결합니다.

servo port는 3개(P0, P1, P2)이고 GND/VBAT/P로 표시가 되어 있습니다.

6. 마지막으로 마이크로비트를 마퀸플러스 V2에 꽂아 줍니다.

3. 코딩하기

마이크로비트와 마퀸플러스 V2 로더를 준비합니다.

먼저 조종기 역할을 할 마이크로비트부터 코딩하도록 하겠습니다.

1. MakeCode 편집기를 실행합니다. [URL] https://makecode.microbit.org/
2. 프로젝트 이름을 "14_Loader-Controller"로 저장하고 새 프로젝트를 생성합니다.
3. 확장 → 검색창에 아래의 url을 입력하여 추가합니다.

   https://github.com/DFRobot/pxt-DFRobot_MaqueenPlus_v20

4. 시작하면 실행 블록에

   라디오 - 라디오 그룹을 1로 설정 블록을 추가하고 "1"을 "10"으로 변경합니다.

   라디오 더보기 - 라디오 전송 강도를 7로 설정 블록을 추가합니다.

   기본 - 아이콘 출력 ♥ 블록을 추가합니다.

5. 입력 - 흔들림 감지하면 실행 블록을 추가합니다.

   "흔들림"을 "로고 아래쪽"으로 변경합니다.

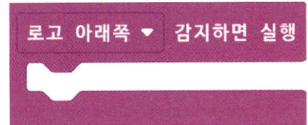

6. 로고 아래쪽 감지하면 실행 블록에

   라디오 - 라디오 전송 : 문자열 " " 블록을 추가하고 문자열을 "F"로 변경합니다.

   입력 - 문자열 출력 "Hello" 블록을 추가하고 "Hello"를 "F"로 변경합니다.

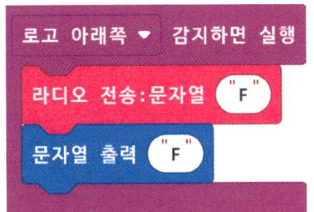

7. 6번의 블록을 복사한 후

"로고 아래쪽"을 "로고 위쪽"으로, 2개의 문자열을 "B"로 변경합니다.

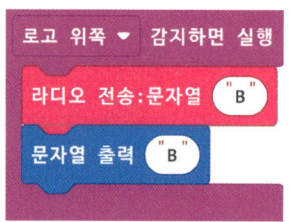

2회 더 반복한 후 "왼쪽 기울임"일 때 "L", "오른쪽 기울임"일 때 "R"로 변경합니다.

8. 입력 - A 누르면 실행 블록을 추가하고 A 누르면 실행 블록에

라디오 - 라디오 전송 : 문자열 " " 블록을 추가하고 문자열을 "U"로 변경합니다.

입력 - 문자열 출력 "Hello" 블록을 추가하고 "Hello"를 "U"로 변경합니다.

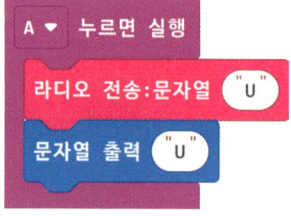

9. 8번의 블록을 2회 복사한 후

하나는 "A"는 "B"로, 문자열은 "D"로 변경합니다.

하나는 "A"는 "A+B"로, 문자열은 "S"로 변경합니다.

10. 완성된 파일을 마이크로비트에 다운로드합니다.

    〈완성된 소스〉

이제 로더 마퀸플러스 V2를 코딩하도록 하겠습니다.

1. 프로젝트 이름을 "14_Loader-MaqueenPlusV2"로 저장하고 새 프로젝트를 생성합니다.
2. 확장 → 검색창에 아래의 url을 입력하여 추가합니다.

   https://github.com/DFRobot/pxt-DFRobot_MaqueenPlus_v20

3. 시작하면 실행 블록에

   라디오 - 라디오 그룹을 1로 설정 블록을 추가하고 "1" 을 "10"으로 변경합니다.

   라디오 더보기 - 라디오 전송 강도를 7로 설정 블록을 추가합니다.

기본 - 아이콘 출력 ♥ 블록을 추가합니다.

4. 라디오 - 라디오 수신하면 실행 receivedString 블록을 추가합니다.

라디오 수신하면 실행 receivedString 블록에

논리 - 만약 참이면 실행 아니면 실행 블록을 추가합니다.

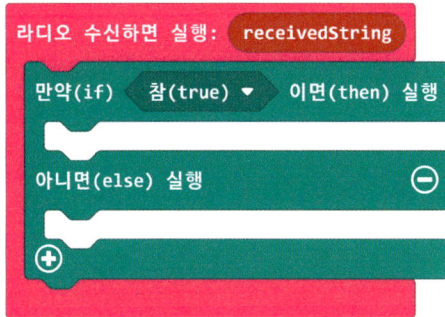

5. IF 조건문을 완성합니다.

receivedString이 "F", "B", "L", "R", "S", "U", "D"인 경우에 대한 조건 구문을 추가합니다.

6. if문 실행 구문을 완성합니다.

1) receivedString = "F"인 경우

   `Maqueen Plus V2` - `set left motor direction rotate forward speed 100` 블록 추가

   "left"는 "all"로, "100"은 "30"으로 변경

2) receivedString = "B"인 경우

   `Maqueen Plus V2` - `set left motor direction rotate forward speed 100` 블록 추가

   "left"는 "all"로, "rotate forward"는 "backward"로, "100"은 "30"으로 변경

3) receivedString = "L"인 경우

   `Maqueen Plus V2` - `set left motor direction rotate forward speed 100` 블록 추가

   "100"은 "10"으로 변경

   `Maqueen Plus V2` - `set left motor direction rotate forward speed 100` 블록 추가

   "left"는 "right"로, "100"은 "40"으로 변경

4) receivedString = "R"인 경우

   `Maqueen Plus V2` - `set left motor direction rotate forward speed 100` 블록 추가

   "100"은 "40"으로 변경

   `Maqueen Plus V2` - `set left motor direction rotate forward speed 100` 블록 추가

   "left"는 "right"로, "100"은 "10"으로 변경

5) receivedString = "S"인 경우

   `Maqueen Plus V2` - `set left motor stop` 블록 추가

   "left"는 "All"로 변경

6) receivedString = "U"인 경우

   `고급` - `핀` - `P0에 서보 값 180 출력` 블록 추가

   "180"은 "50"으로 변경

7) receivedString = "D"인 경우

   `고급` - `핀` - `P0에 서보 값 180 출력` 블록 추가

   "180"은 "90"으로 변경

7. 완성된 파일을 마이크로비트에 다운로드합니다.

〈완성된 소스〉

4. 활동하기

조종기로 마퀸플러스 V2 로더를 조종해 보세요.

③ Beetle 만들기

1. 재료 준비하기

2. 하드웨어 연결하기

1. Gripper Driven Forearm, Gripper Upper Arm을 장착한 후 Gripper Triangular Mount Plate에 장착합니다.

2. Gripper Servo Forearm과 서보고정판을 장착한 후 Gripper Upper Arm을 장착합니다.

3. Gripper Panel에 서보모터를 장착합니다.

4. 2번과 3번을 조립합니다.

5. 완성된 4번 부품에 M3*18mm Copper Bolt를 장착합니다.

6. 완성된 1번과 5번을 조립합니다.

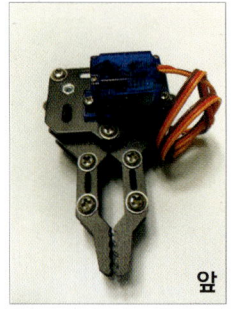 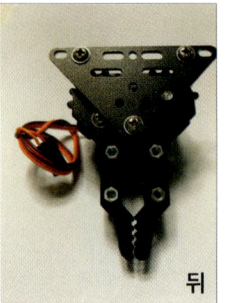

7. M3*15mm Copper Bolt를 이용하여 완성된 6번을 마퀸플러스 V2 확장보드에 장착합니다.

8. 마퀸플러스 V2 Servo port 단자에 Servo 모터 케이블을 연결합니다.
단자의 색깔과 케이블의 색깔을 맞춰 연결합니다.

9. 마지막으로 마이크로비트를 마퀸플러스 V2 확장보드에 연결합니다.

3. 코딩하기

먼저 조종기 역할을 할 마이크로비트부터 코딩하도록 하겠습니다.

1. MakeCode 편집기를 실행합니다. [URL] https://makecode.microbit.org/
2. 프로젝트 이름을 "14_Beetle-Controller"로 저장하고 새 프로젝트를 생성합니다.
3. 확장 → 검색창에 아래의 url을 입력하여 추가합니다.

   https://github.com/DFRobot/pxt-DFRobot_MaqueenPlus_v20
4. 2절 Loader Controller 작업과 동일한 작업을 수행합니다.

   단, A버튼을 누르면 실행 블록에 문자열 "O"를 전송,

   B버튼을 누르면 실행 블록에 문자열 "C"를 전송

〈완성된 소스〉

5. 완성된 파일을 마이크로비트에 다운로드합니다.

이제 마퀸플러스 V2 비틀을 코딩하도록 하겠습니다.

1. 프로젝트 이름을 "14_Beetle-MaqueenPlusV2"로 저장하고 새 프로젝트를 생성합니다.
2. 확장 → 검색창에 아래의 url을 입력하여 추가합니다.

   https://github.com/DFRobot/pxt-DFRobot_MaqueenPlus_v20
3. 2절 Loader-MaqueenPlusV2 작업과 동일한 작업을 수행합니다.

   단, IF 조건문에는 reecivedString이 "F", "B", "L", "R", "S", "O", "C"인 경우에 대한 조건 구문을 추가합니다.

   〈완성된 소스〉

```
시작하면 실행
  라디오 그룹을 10 로 설정
  라디오 전송 강도를 7 로 설정
  아이콘 출력 ■

라디오 수신하면 실행: receivedString
  만약(if) receivedString = "F" 이면(then) 실행
    set all ▼ motor direction rotate forward ▼ speed 30
  아니면서 만약(else if) receivedString = "B" 이면(then) 실행
    set all ▼ motor direction backward ▼ speed 30
  아니면서 만약(else if) receivedString = "L" 이면(then) 실행
    set left ▼ motor direction rotate forward ▼ speed 10
    set right ▼ motor direction rotate forward ▼ speed 40
  아니면서 만약(else if) receivedString = "R" 이면(then) 실행
    set left ▼ motor direction rotate forward ▼ speed 40
    set right ▼ motor direction rotate forward ▼ speed 10
  아니면서 만약(else if) receivedString = "S" 이면(then) 실행
    set all ▼ motor stop
  아니면서 만약(else if) receivedString = "O" 이면(then) 실행
    P0 ▼ 에 서보 값 90 출력
  아니면서 만약(else if) receivedString = "C" 이면(then) 실행
    P0 ▼ 에 서보 값 180 출력
```

4. 완성된 파일을 마이크로비트에 다운로드합니다.

4. 활동하기
조종기로 마퀸플러스 V2 비틀을 조종해 봅니다.

④ 마무리하기
조종기 마이크로비트가 보내는 신호를 감지한 마퀸플러스 V2가 신호대로 동작하는지 확인합니다.

memo

15장

마퀸플러스 V2
파츠 활용하기 2
(Forklift & Rotating Forklift)

🔍 마퀸 메카닉(Maqueen Mechanic) 세트를 이용하여 포크리프트(Forklift) 및 로테이팅 포크리프트(Rotating Forklift)를 만들어 봅니다. **학습 목표**

프리뷰	메카닉 시리즈 중 이번 장에서는 포크리프트(Forklift)와 로테이팅 포크리프트(Rotating Forklift)를 만들어 보고 이것으로 활동을 해보도록 하겠습니다.
핵심 키워드	마이크로비트, 마퀸플러스 V2, 메카닉 세트, 허스키렌즈
준비물	마이크로비트, 마퀸플러스 V2, 메카닉 세트, 허스키렌즈, USB 데이터 케이블, 리튬 이온 배터리
학습 시간	하드웨어 조립하기: 30분 / 소프트웨어 코딩하기: 20분
학습 난이도	★★☆☆☆

① 포크리프트 만들기

1. 포크리프트 조립하기

1. 메카닉 부품(Arm Servo Base)과 서보모터, M2.5*5mm 나사 2개를 준비합니다.

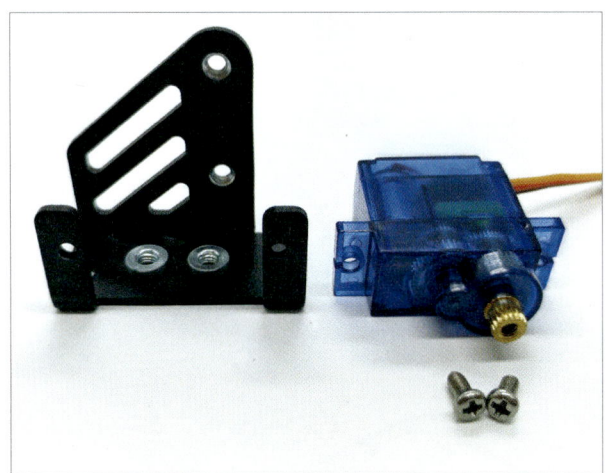

2. 표시된 구멍에 맞추어 나사로 고정합니다.

3. 위에서 조립한 부품과 새로운 메카닉 부품(Arm Baseplate) 및 M3*5mm 2개를 준비합니다. 표시된 부분을 맞추어 나사로 결합합니다.

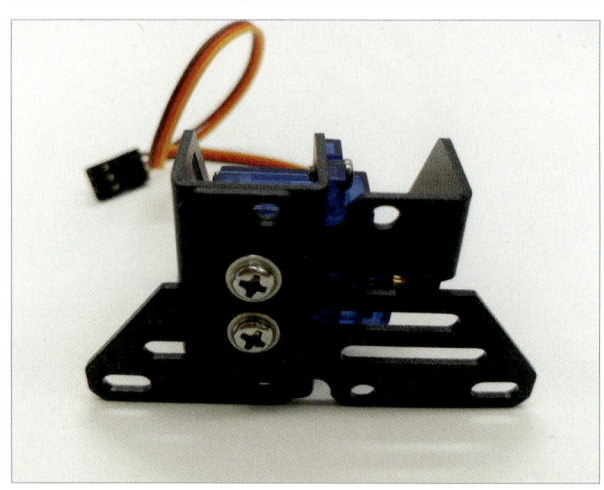

4. 메카닉 부품(Arm Plate)과 메카닉 부품(Arm Linkage) 2개, M3*5mm 나사 4개를 준비합니다.

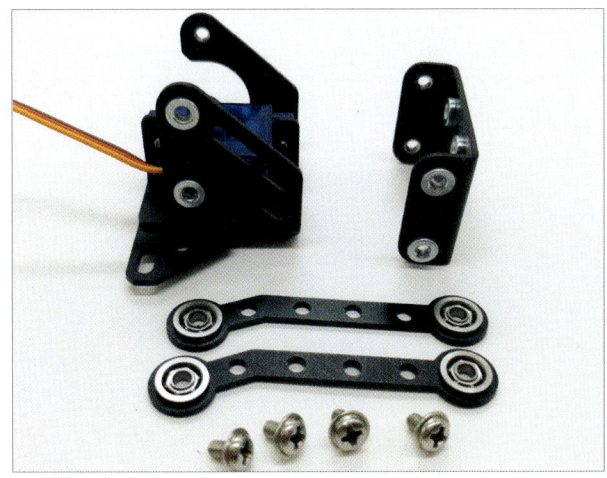

5. 각 부품을 맞추어 조립합니다. 메카닉 부품(Arm Linkage)의 짧게 꺾인 부분을 메카닉 부품(Arm Servo Base) 쪽에 연결합니다.

6. 이제 남은 하나의 메카닉 부품(Arm Linkage)도 연결합니다. 조립이 완료되면 반대쪽으로 돌립니다.

7. 메카닉 부품(Arm Linkage) 1개와 M3*5mm 나사 2개를 준비합니다. 표시된 부분에 맞추어 조립합니다.

8. 메카닉 부품(Servo Arm Linkage)과 서보모터 연결판, M3*5mm 나사 2개를 준비합니다. 아래와 같이 연결합니다.

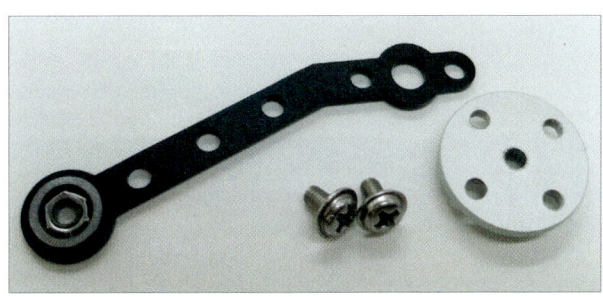

9. 반대쪽에서 본 모습입니다. 위 부품을 본체에 연결합니다.

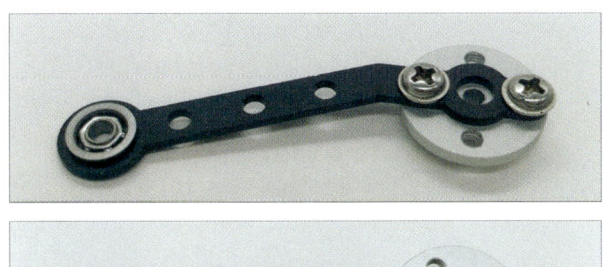

10. 메카닉 부품(Forklift Plate)과 M3*5mm 나사 2개를 준비합니다. 그리고 9번에서 완성한 부품에 연결합니다.

11. 완성된 포크리프트 본체의 모습입니다.

12. 이제 마퀸플러스 V2 본체와 M3*15mm 볼트 2개를 준비합니다. 빨간 표시 부분에 볼트를 결합합니다.

13. M3*5mm 나사 2개도 준비합니다.

14. 위에서 조립한 포크리프트와 마퀸플러스 V2를 결합합니다.

15. 허스키렌즈의 사물인식 기능을 이용하여 포크리프트를 움직이기 위하여 허스키렌즈를 마퀸플러스 V2의 본체에 장착합니다.

허스키렌즈까지 장착이 되었으면 포크리트프의 서보모터 연결선은 마퀸플러스 V2의 후면의 서보모터 단자 중 P1에 연결합니다.

허스키렌즈 연결선도 마퀸플러스 V2의 후면의 I2C 단자에 순서를 맞추어 연결합니다.

2. 포크리프트 코딩하기

우리는 10장에서 허스키렌즈의 사물인식을 배웠습니다.

이번 장에서는 허스키렌즈의 사물인식 기능을 이용하여 특정 사물이 포착되면 포크리프트가 움직이도록 할 것입니다.

우리는 우리가 만든 포크리프트를 무거운 물건을 옮기는 자동차라고 상상해 봅니다.

마퀸플러스 V2는 직진하며 움직이고 화분이 포착되면 멈추어 포크리프트를 내렸다가 들어 올리는 동작을 합니다.

우선 10장을 참고하여 사물을 학습시킵니다.

1. MakeCode 편집기를 실행합니다. [URL] https://makecode.microbit.org
2. 프로젝트 이름을 "15_마퀸플러스파츠_포크리프트"로 저장하고 새 프로젝트를 생성합니다.
3. 확장 프로그램 검색창에 아래 URL을 입력하여 마퀸플러스 V2 블록을 추가합니다.
   https://github.com/DFRobot/pxt-DFRobot_MaqueenPlus_v20
4. 확장 프로그램 검색창에 "huskylens" 검색하여 허스키렌즈 확장 블록도 추가합니다.

5. 시작하면 실행 블록에 마퀸플러스 V2와 허스키렌즈 초기화 블록을 추가합니다.

   허스키렌즈의 알고리즘은 Object Recognition 으로 변경합니다.

   마퀸플러스 V2는 서보모터를 마이크로비트 기본 블록으로 제어합니다.

   고급 - 핀 - P0에 서보 값 180 출력 을 가져옵니다. P0는 P1으로, 180은 30으로 수정합니다.

   ```
   시작하면 실행
       initialize via I2C until success
       HuskyLens initialize I2C until success
       HuskyLens switch algorithm to Object Recognition
       P1 에 서보 값 30 출력
   ```

6. 마퀸플러스 V2는 일단 직진하며 움직이다가 학습된 사물이 포착되면 멈추고 포크리프트를 움직입니다.

   서보모터를 60도 각도로 움직여 내린 후 1초 후 다시 0도 각도로 들어올립니다. 1초 후 제자리인 각도 30도로 돌아옵니다.

   ```
   무한반복 실행
       HuskyLens request data once and save into the result
       만약(if) HuskyLens check if ID 1 frame is on screen from the result 이면(then) 실행
           set all motor stop
           P1 에 서보 값 60 출력
           일시중지 1000 (ms)
           P1 에 서보 값 0 출력
           일시중지 1000 (ms)
           P1 에 서보 값 30 출력
       아니면(else) 실행
           set all motor direction rotate forward speed 30
   ```

7. 완성된 파일을 마이크로비트에 다운로드합니다.

② 로테이팅 포크리프트(Rotating Forklift) 만들기

이번 절에서는 라디오 통신을 이용하여 제어가 가능한 로테이팅 포크리프트(Rotating Forklift)를 만들어 봅니다.

1절에서는 서보모터를 1개만 이용하여 상하로만 움직이는 것이 가능했다면 이번 절에서는 서보모터를 추가하여 좌우로도 움직일 수 있는 로테이팅 포크리프트를 만듭니다.

1. 로테이팅 포크리프트 조립하기

1. 메카닉 부품(Pan-tilt-zoom Mount Plate)과 서보모터를 준비합니다.

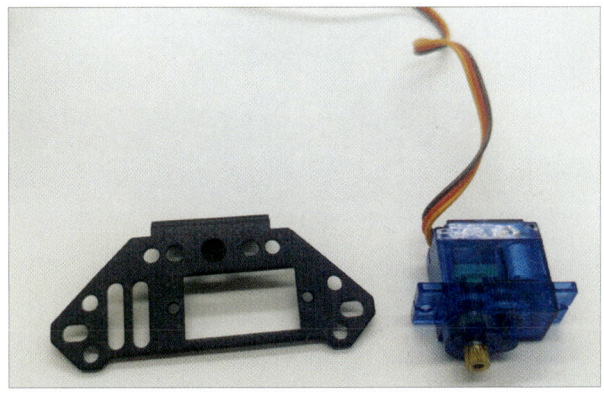

2. 아래 그림처럼 조립 후 M3*5mm 나사를 이용하여 고정합니다.

3. 서보모터 연결판과 M2.5*5mm 나사를 준비합니다.

4. 나사를 이용하여 서보모터 연결판과 서보모터를 고정합니다.

5. 마퀸플러스 V2 본체와 M3*35mm 볼트 2개를 준비합니다. 마퀸플러스 V2에 볼트를 고정합니다.

6. 마퀸플러스 V2 본체에 4번에서 만들었던 로테이팅 판을 M3*5mm 나사를 이용하여 연결합니다.

7. 포크리프트와 M3*5mm 나사 2개를 준비합니다.

1절에서 만들었던 포크리프트(Forklift)와 동일합니다.

8. 6번에서 고정한 로테이팅 판 위에 포크리프트 본체를 고정합니다. 이 때 서보모터의 각도를 0으로 맞춘 상태에서 연결합니다.

9. 완성된 로테이팅 포크리프트(Rotating Forklift)입니다.

10. 아래쪽 서보모터는 Servo 포트의 P1에, 위쪽 서보모터는 P2에 연결합니다.

2. 로테이팅 포크리프트 코딩하기

이번 로테이팅 포크리프트는 라디오 통신을 이용하여 다른 마이크로비트로 제어를 해보도록 하겠습니다.

리모콘으로 사용할 마이크로비트는 버튼을 이용하여 신호를 보냅니다.
A버튼은 왼쪽으로 회전, B버튼은 오른쪽으로 회전을 하며 A버튼과 B버튼을 동시에 누를 때는 포크리프트가 위아래로 움직입니다.

송신부와 수신부를 각각 파일을 만들어 다운로드할 것입니다.

1. MakeCode 편집기를 실행합니다. [URL] https://makecode.microbit.org

2. 프로젝트 이름을 "15_마퀸플러스파츠_로테이팅포크리프트_송신"으로 저장하고 새 프로젝트를 생성합니다.

3. 확장 프로그램 검색 창에 아래 URL을 입력하여 마퀸플러스 V2 블록을 추가합니다.
https://github.com/DFRobot/pxt-DFRobot_MaqueenPlus_v20

4. 시작하면 실행 블록에 라디오 - 라디오 그룹을 1로 설정 을 삽입합니다.
라디오 - A 누르면 실행 블록에 라디오 전송 : 문자열 ( ) 가져와 문자열에 "left"라 적습니다.
B를 누르면 "right"를 전송하고, A와 B를 동시에 누르면 (A+B) "updown"을 전송하게 합니다.

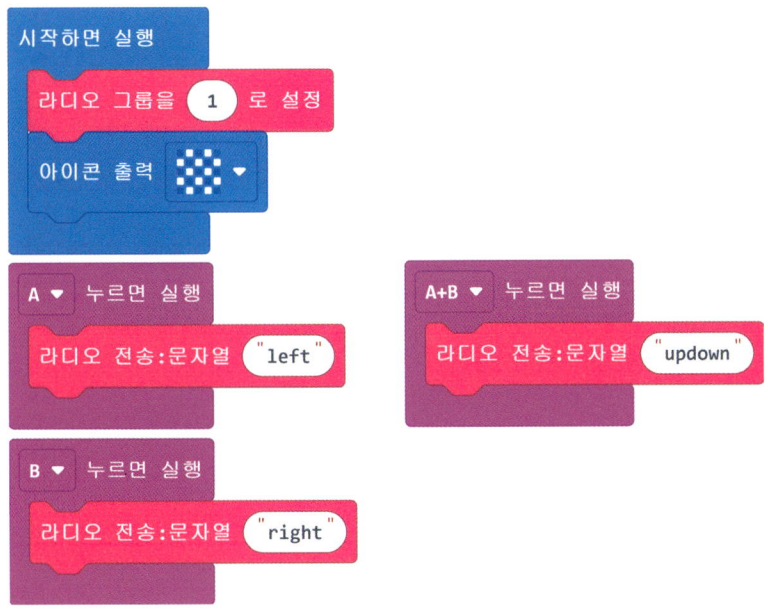

5. 완성된 파일을 송신용 마이크로비트에 다운로드합니다.

이번에는 수신부입니다.

신호를 받아서 서보모터를 움직이게 되는 로테이팅 포크리프트는 다음과 같이 동작합니다.

전원이 입력되면 가운데를 보며 포크리프트를 내려놓은 상태로 시작합니다.

신호는 문자열로 주고받습니다.

문자열 "left"가 수신되면 왼쪽으로 회전했다가 제자리로 돌아옵니다.

문자열 "right"가 수신되면 오른쪽으로 회전했다가 제자리로 돌아옵니다.

문자열 "updown"을 수신하면 포크리프트가 위로 올라갔다가 내려옵니다.

1. MakeCode 편집기를 실행합니다. [URL] https://makecode.microbit.org
2. 프로젝트 이름을 "15_마퀸플러스파츠_로테이팅포크리프트_수신"으로 저장하고 새 프로젝트를 생성합니다.
3. 확장 프로그램 검색창에 아래 URL을 입력하여 마퀸플러스 V2 블록을 추가합니다.

    https://github.com/DFRobot/pxt-DFRobot_MaqueenPlus_v20

15장 마퀸플러스 V2 파츠 활용하기 2 **187**

4. 두 서보모터는 모두 90도에서 시작합니다. 라디오 그룹은 1로 설정합니다.

5. 라디오 수신하면 실행 : receivedString 블록에 만약(if) 참이면(then) 실행 블록을 이용하여 수신된 문자열이 "left", "right", "updown"인 경우에 대해서 동작을 처리합니다. 조건이 같은지 비교하기 위해 사용하는 비교 연산 블록은 문자열 비교 연산 블록입니다. 안에 따옴표 표시가 된 블록을 사용해야합니다.

6. 완성된 파일을 마퀸플러스 V2에 꽂을 수신용 마이크로비트에 다운로드합니다.

③ 마무리하기

마퀸플러스 V2의 파츠를 이용하여 포크리프트와 로테이팅 포크리프트를 만들어보았습니다. 포크리스트는 허스키렌즈의 사물 인식 기능을 이용하여 사물에 반응하여 움직이도록 하였고, 로테이팅 포크리프트는 라디오 통신을 이용하여 조정하였습니다. 생각대로 잘 동작하나요?

📚 이건 어떨까요?

이번에는 버튼만 이용해서 신호를 주고받지만 여러분은 마이크로비트의 기울기 센서를 이용하여 마퀸플러스 V2를 앞으로 뒤로 그리고 좌우로 움직일 수 있도록 한번 해볼까요?

16장

마퀸플러스 V2 파츠 활용하기 3
(Liftable Mechanical Beetle)

| 학습 목표 | 마퀸플러스 V2에 파츠를 추가하여 리프터블 메카니컬 비틀을 만들어 봅니다 |

프리뷰	메카닉(Maqueen Mechanic) 중 14장, 15장에서 만든 비틀(Beetle)과 포크리프트(Forklift)를 합체하여 리프터블 메카니컬 비틀(Liftable Mechanical Beetle)을 만들어 보겠습니다.
핵심 키워드	마이크로비트, 마퀸플러스 V2, 메카닉, 비틀, 포크리프트, 리프터블 메카닉 비틀
준비물	마이크로비트, 마퀸플러스 V2, 메카닉 파츠, 대용량배터리, USB 데이터 케이블
학습 시간	하드웨어 설정하기: 20분 / 소프트웨어 코딩하기: 20분
학습 난이도	★★★★☆

1 리프터블 메카니컬 비틀 만들기

1. 비틀 조립하기

14장을 참고해서 비틀을 조립합니다.

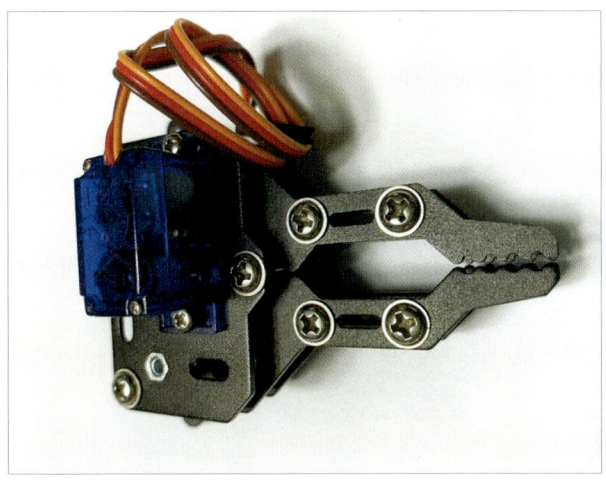

2. 포크리프트 조립하기

15장을 참고해서 포크리프트를 조립합니다.

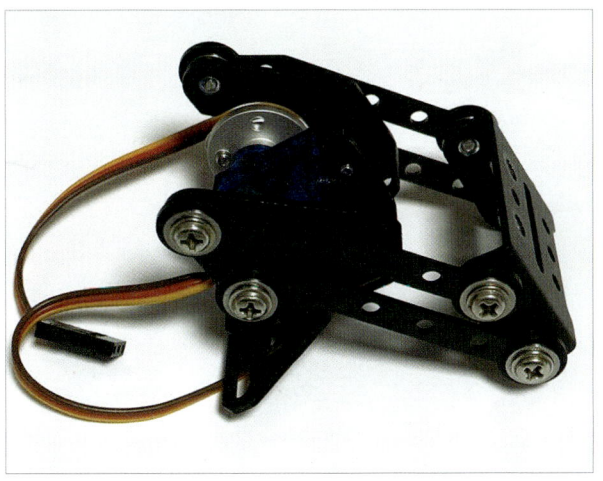

3. 비틀와 포크리프트 합체하기

이제 마퀸플러스 V2 본체에 비틀과 포크리프트를 합체하겠습니다.

1. Pan-tilt-zoom Mount Plate를 준비합니다.

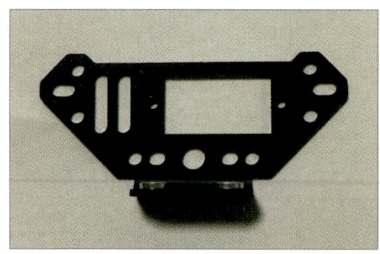

2. 포크리프트 앞쪽에 준비한 Pan-tilt-zoom Mount Plate 를 M3*5mm Screw로 고정합니다.

3. 조립한 포크리프를 뒤집어 밑면에 비틀을 뒤집어 M3*5mm Screw로 고정합니다.

 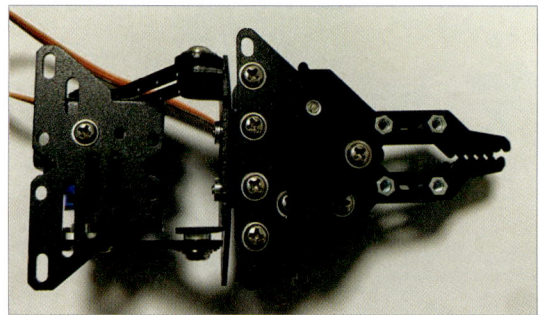

4. M3*15mm Copper Bolt 2개를 마퀸플러스 V2 앞쪽에 설치합니다.

5. 고정한 볼트에 3에서 조립한 리프터블 메카니컬 비틀을 M3*5mm Screw로 고정합니다.

6. 비틀의 서보모터에 연결된 3색선을 마퀸플러스 V2의 서보포트 P0에 꽂고, 포크리프트의 서보모터에 연결된 3색선을 마퀸플러스 V2의 서보포트 P1에 꽂아줍니다. 이때 주황색, 빨간색, 갈색선은 각각 연두색(P), VBAT(빨간색), 검정색(GND) 핀에 맞춰 꽂아줍니다.

7. 마이크로비트를 마퀸플러스 V2의 마이크로비트 소켓에 삽입합니다.

리프터블 메카니컬 비틀이 완성되었습니다.

② 코딩하기

2개의 마이크로비트를 사용해서 한 개는 조종기로 코딩하고 다른 한개는 비틀과 포크리프트를 움직이도록 코딩합니다.

이 때 조종기는 기울기센서, 버튼을 이용하여 비틀을 조종하고, 포크리프트는 터치센서를 이용하여 조종합니다.

다른 한 개는 비틀와 포크리프트를 움직이도록 코딩합니다.

이제 조종기를 코딩하도록 하겠습니다

1. MakeCode 편집기를 실행합니다. [URL] http://makecode.microbit.org
2. 프로젝트 이름을 "16_LiftableBeetle_controller"로 저장하고 새 프로젝트를 생성합니다.
3. 확장 → 검색 창에 아래의 url을 입력하여 추가합니다.

    https://github.com/DFRobot/pxt-DFRobot_MaqueenPlus_v20
4. 시작하면 실행 블록에

    라디오 - 라디오 그룹을 1로 설정 블록을 추가하고 "1"을 "10"으로 변경합니다.

    라디오 더보기 - 라디오 전송 강도를 7로 설정 블록을 추가합니다.

    기본 - 아이콘 출력♥ 블록을 추가합니다.

5. 아래 표와 같이 제어할 수 있도록 코딩합니다.

블록	라디오 전송 : 문자열	마퀸플러스V2
움직임 - 로고 하늘 방향	F	앞으로 이동
움직임 - 로고 땅 방향	B	뒤로 이동
움직임 - 왼쪽 기울임	L	왼쪽 회전
움직임 - 오른쪽 기울임	R	오른쪽 회전
A+B버튼	S	멈춤
A버튼	O	비틀 열림
B버튼	C	비틀 닫힘
터치 센서 - 터치함	U	포크리프트 올라감
터치 센서 - 길게 누름	D	포크리프트 내려감

6. 입력 - 흔들림 감지하면 실행 블록을 추가하고, "흔들림" → "로고 아래쪽"으로 변경합니다.

7. 로고 아래쪽 감지하면 실행 블록에

   라디오 - 라디오 전송 : 문자열 " " 블록을 추가하고, " " → "F"로 변경합니다.

   입력-문자열 출력 "Hello" 블록을 추가하고, "Hello"를 "F"로 변경합니다.

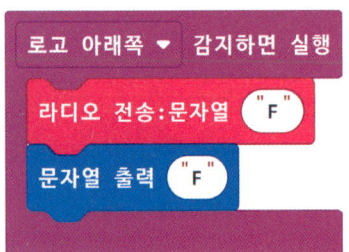

8. 7번을 참조하여 "B", "L", "R", "S", "O", "C", "U", "D"의 경우도 코딩합니다.

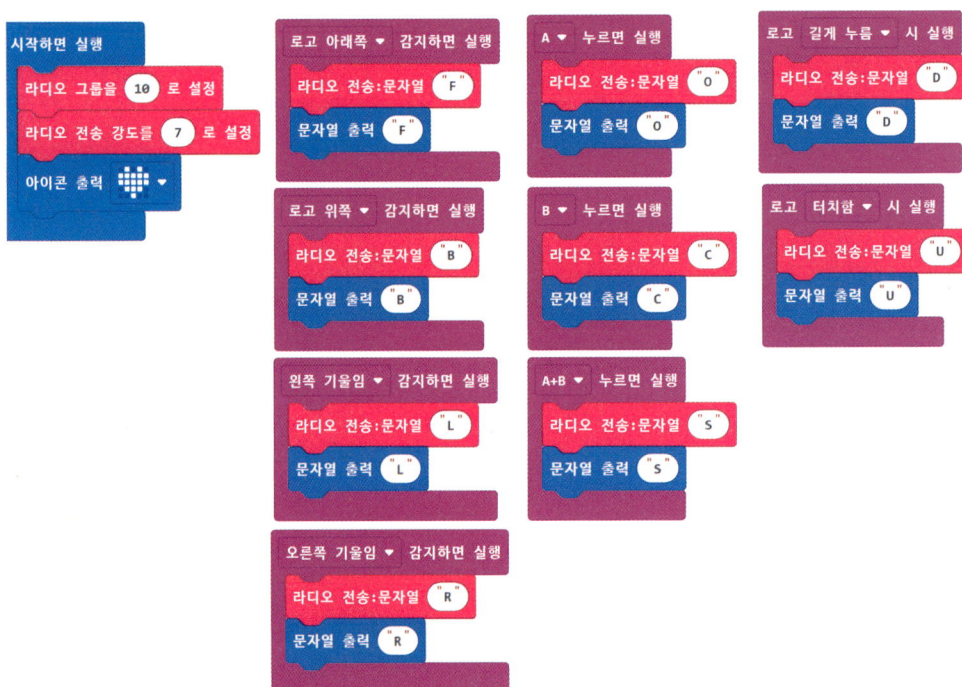

9. 완성된 파일을 마이크로비트에 다운로드 합니다.

〈완성된 소스〉

이번에는 리프터블 메카니컬 비틀을 코딩하도록 하겠습니다.

1. 프로젝트 이름을 "16_LiftableBeetle_MaqueenV2"로 저장하고 새 프로젝트를 생성합니다.

2. 확장 → 검색 창에 아래의 url을 입력하여 추가합니다.

https://github.com/DFRobot/pxt-DFRobot_MaqueenPlus_v20

3. 시작하면 실행 블록에

라디오 - 라디오 그룹을 1로 설정 블록을 추가하고 "1"을 "10"으로 변경합니다.

라디오 더보기 - 라디오 전송 강도를 7로 설정 블록을 추가합니다.

기본 - 아이콘 출력♥ 블록을 추가합니다.

4. 라디오 - 라디오 수신하면 실행 receivedString 블록을 추가합니다.

   라디오 수신하면 실행 receviedString 블록에

   논리 - 만약 참이면 실행 아니면 실행 블록을 추가합니다.

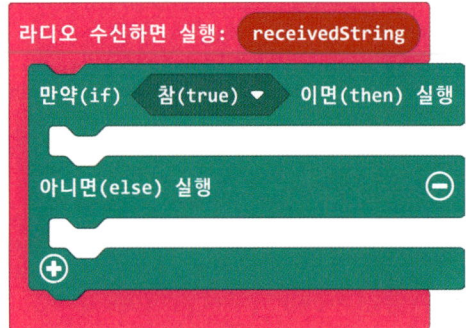

5. IF조건문을 완성합니다.

   receivedString이 "F", "B" ,"L" ,"R", "S", "O", "C", "U", "D"의 경우에 대한 조건 구문을 추가합니다.

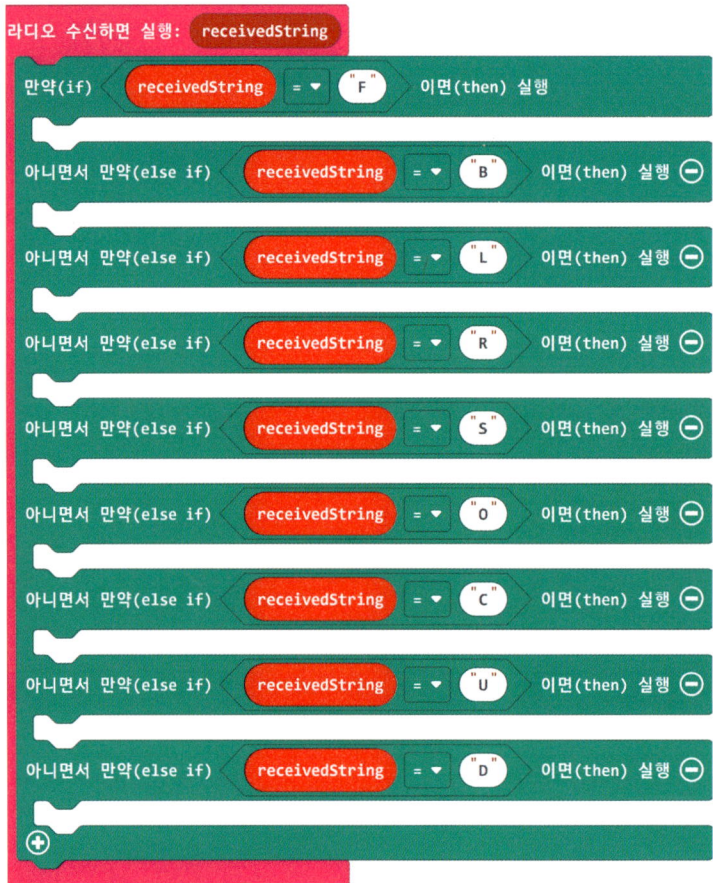

6. if문 실행 구문을 완성합니다.

1) receivedString = "F"인 경우

   `Maqueen Plus V2 - set left motor direction rotate forward speed 100` 블록 추가

   "left" → "all", "100" → "30" 으로 변경

2) receivedString = "B"인 경우

   `Maqueen Plus V2 - set left motor direction rotate forward speed 100` 블록 추가

   "left" → "all", "rotate forward" → "backward", "100" → "30" 으로 변경

3) receivedString = "L"인 경우

   `Maqueen Plus V2 - set left motor direction rotate forward speed 100` 블록 추가

   "100" → "10" 으로 변경

   `Maqueen Plus V2 - set left motor direction rotate forward speed 100` 블록 추가

   "left" → "right", "100" → "40" 으로 변경

4) receivedString = "R"인 경우

   `Maqueen Plus V2 - set left motor direction rotate forward speed 100` 블록 추가

   "100" → "40" 으로 변경

   `Maqueen Plus V2 - set left motor direction rotate forward speed 100` 블록 추가

   "left" → "right", "100" → "10" 으로 변경

5) receivedString = "S"인 경우

   `Maqueen Plus V2 - set left motor stop` 블록 추가

   "left" → "all"로 변경

6) receivedString = "U"인 경우

   `고급 - 핀 - P0에 서보 값 180 출력` 블록 추가

   "180" → "30"로 변경

7) receivedString = "D"인 경우

   `고급 - 핀 - P0에 서보 값 180 출력` 블록 추가

   "180" → "90"로 변경

8) receivedString = "O"인 경우

   `고급 - 핀 - P1에 서보 값 180 출력` 블록 추가

   "P0" → "P1", "180" → "0" 로 변경

9) receivedString = "D"인 경우

　고급 - 핀 - P1에 서보 값 180 출력 블록 추가

　"P0" → "P1", "180" → "0" 로 변경

7. 완성된 파일을 마이크로비트에 다운로드 합니다.

〈완성된 소스〉

③ 활동하기

조종기로 마퀸플러스 V2 리프터블 메카니컬 비틀을 조종해 봅니다.

④ 마무리하기

조종기 마이크로비트가 보내는 신호를 감지한 마퀸플러스 V2가 신호대로 동작하는지 확인합니다.

memo

17장

마퀸플러스 V2에 허스키렌즈 추가하기

🔍 허스키렌즈의 다중 얼굴 인식 기능을 이해합니다. **학습 목표**

프리뷰	마퀸플러스 V2와 허스키렌즈의 다중 얼굴 인식 기능을 이용하여 우리 집을 지키는 보안로봇을 만들어 보겠습니다.
핵심 키워드	마이크로비트, 마퀸플러스 V2, 허스키렌즈, 다중 얼굴 인식
준비물	마이크로비트, 마퀸 플러스 V2 키트, 허스키렌즈 키트, USB 데이터 케이블, 대용량 배터리
학습 시간	하드웨어 설정하기: 30분 / 소프트웨어 코딩하기: 15분
학습 난이도	★★★☆☆

① 허스키렌즈 학습시키기

1. 다중 얼굴 인식 기능 설정

1. 허스키렌즈에 전원을 공급하여 켜고, 기능버튼을 좌우로 돌려 Face Recognition 으로 선택합니다.

2. Face Recognition 모드에서 기능 버튼을 길게 눌러 얼굴 인식 기능의 매개 변수 설정 모드로 들어갑니다.

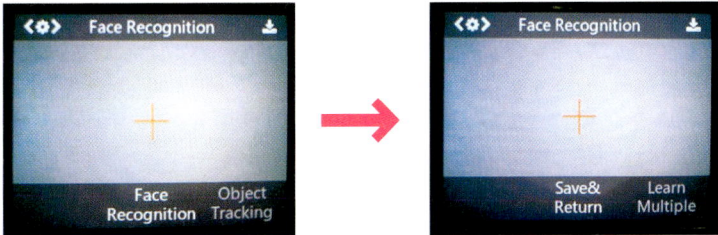

3. "Learn Multiple"이 굵은 글씨체로 활성화되도록 기능 버튼을 오른쪽으로 돌립니다.

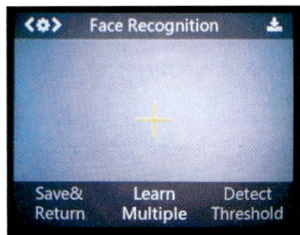

4. 기능 버튼을 짧게 누르고 오른쪽으로 돌려 "Learn Multiple" 스위치를 켭니다. 즉, 진행률 표시 줄이 파란색으로 바뀌고 진행률 표시 줄의 사각형 아이콘이 오른쪽으로 움직입니다. 그런 다음 기능 버튼을 짧게 눌러 매개 변수를 설정합니다.

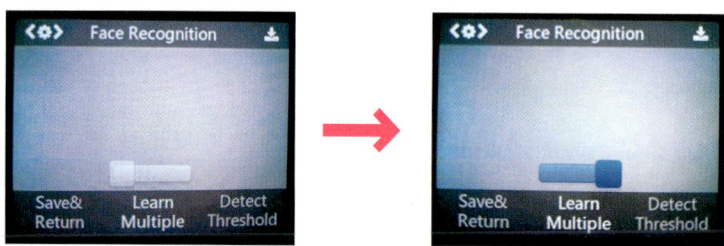

5. "Save & Return"이 굵은 글씨체로 활성화되도록 기능 버튼을 왼쪽으로 돌리고 기능 버튼을 짧게 누릅니다. 이때 화면에 "Do you save data? / 저장하시겠습니까?"가 나오면 "예"를 선택하고 기능 버튼을 짧게 눌러 매개 변수를 저장합니다.

2. 다중 얼굴 학습하기

이제 허스키렌즈에 마퀸 제어에 사용할 얼굴을 학습시키겠습니다.

1. 얼굴에 흰색 Face 박스와 노란색 십자가(+)가 나타납니다.

2. 이때 학습 버튼을 짧게 눌러 첫 번째 사람의 얼굴을 학습합니다. 그런 다음 학습 버튼을 놓으면 허스키렌즈가 같은 얼굴을 감지하면 "Face : ID1"이라는 파란색 프레임이 표시됩니다.

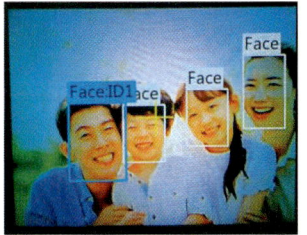

3. 학습 후 "Click again to continue! Click other button to finish"라는 메시지가 표시됩니다. 다른 사람의 얼굴을 학습시키려면 카운트다운이 끝나기 전에 학습 버튼을 짧게 누릅니다.

4. 첫 번째 얼굴을 인식하는 단계와 동일하게 나머지 사람의 얼굴을 학습합니다. 허스키렌즈가 학습한 얼굴은 자동 저장하고 "Face : ID1" 파란색 상자, "Face : ID2" 노란색 상자, "Face : ID3" 연두색 상자, "Face : ID4" 주황색 상자로 표시합니다.

2 코딩하기

허스키렌즈가 학습된 얼굴들을 감지하면 마이크로비트가 ID 값을 표현하고 학습되지 않은 얼굴을 감지하면 슬픈 표정과 적색 LED, 경고음을 출력합니다.

1. MakeCode 편집기를 실행합니다. [URL] https://makecode.microbit.org/
2. 프로젝트 이름을 "17_보안로봇마퀸플러스V2"으로 저장하고 새 프로젝트를 생성합니다.
3. 확장 → 검색창에 아래의 url을 입력하여 추가합니다.
   https://github.com/DFRobot/pxt-DFRobot_MaqueenPlus_v20
4. 확장 → "huskylens" 검색하여 추가합니다.

5. 시작하면 실행 블록에

   HuskyLens - HuskyLens initialize via I2C until success 블록을 추가합니다.

   HuskyLens - HuskyLens change Face Recognition algorithm until success 블록을 추가하고,

   기본 - 아이콘 출력 ♥ 블록을 추가합니다.

6. 무한반복 실행 블록에 허스키렌즈에서 인식한 결과값을 가지고 오는 블록을 추가합니다.

   HuskyLens - HuskyLens request data once and save into the result 블록을 추가합니다.

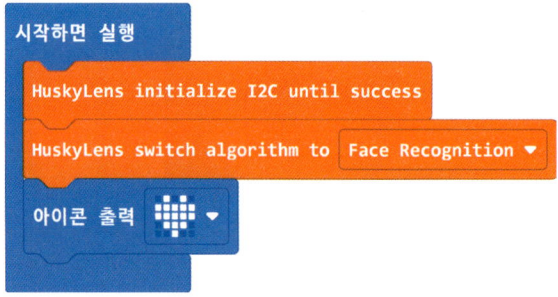

7. 조건문 블록을 추가하고 허스키렌즈 화면에 프레임이 있는지 판단하는 블록을 조건 판단 구문에 추가합니다.

논리 - 만약(if) 참(true)이면(then) 실행 아니면(else) 실행 블록을 추가하고,

HuskyLens - HuskyLens check if frame is on screen from the result 블록을 추가합니다.

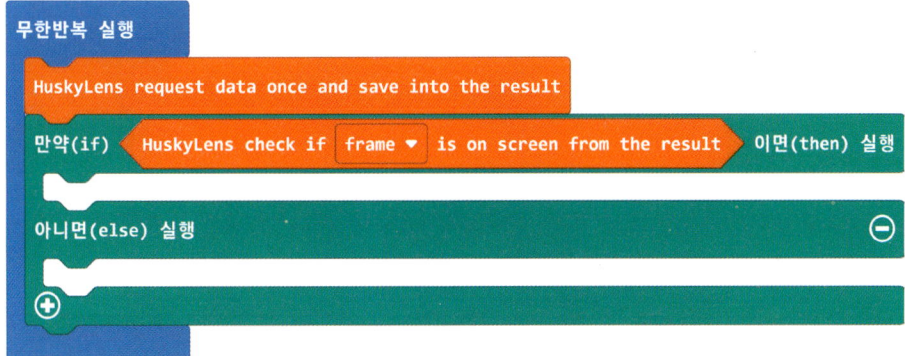

8. 허스키렌즈 화면에 프레임이 있는 경우

인식한 frame ID가 1인지를 판단하는 조건문 블록을 추가합니다.

이때 실행문에는 허스키렌즈 화면 중앙에 있는 프레임 ID를 출력하도록 블록을 추가합니다.

논리 - 만약(if) 참(true)이면(then) 실행 아니면(else) 실행 블록을 추가합니다.

HuskyLens - HuskyLens check if ID 1 frame is on screen from the result 블록을 추가하고,

HuskyLens - HuskyLens get ID of frame closest to the center of screen from the result 블록을 추가합니다.

9. frame ID가 2~4인지를 판단하는 블록을 조건블록에 추가하고
각 실행문에는 허스키렌즈 화면 중앙에 있는 프레임 ID를 출력하도록 블록을 추가합니다.

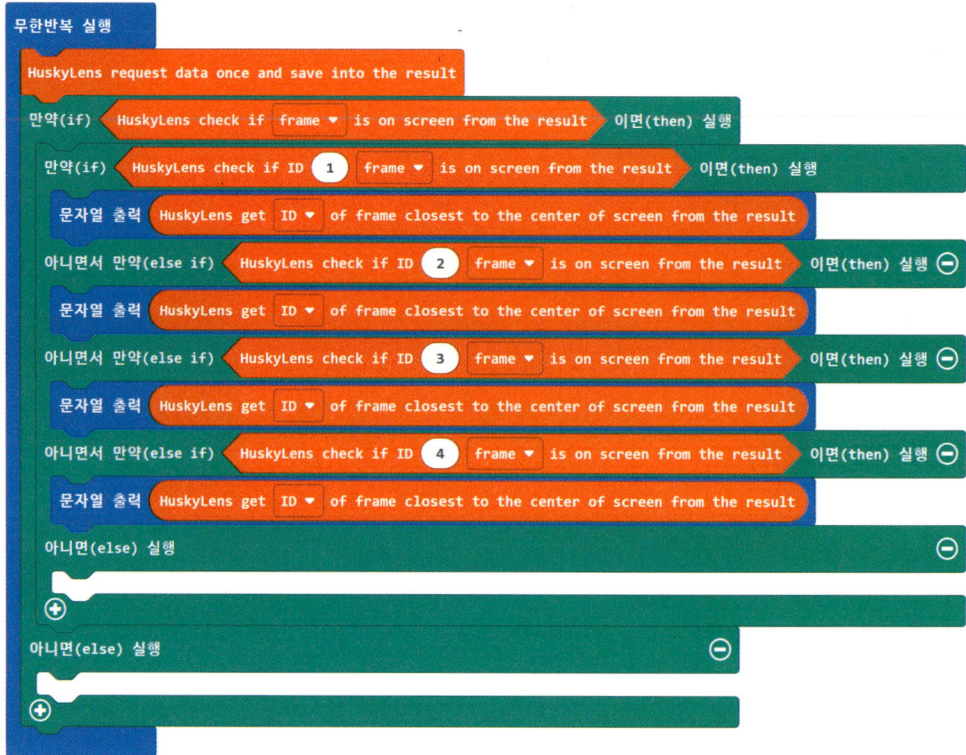

10. 허스키렌즈 화면에 프레임이 있지만 학습하지 않은 얼굴을 인식하였을 때 경고메시지를 출력합니다.

기본 - 아이콘 출력 블록을 추가합니다.

Maqueen Plus V2 - control left led light close 블록 추가하고 left → all, close → open으로 변경합니다.

음악 - 도 1박자 출력 블록 추가하고, "도"를 "높은 도"로 변경합니다.

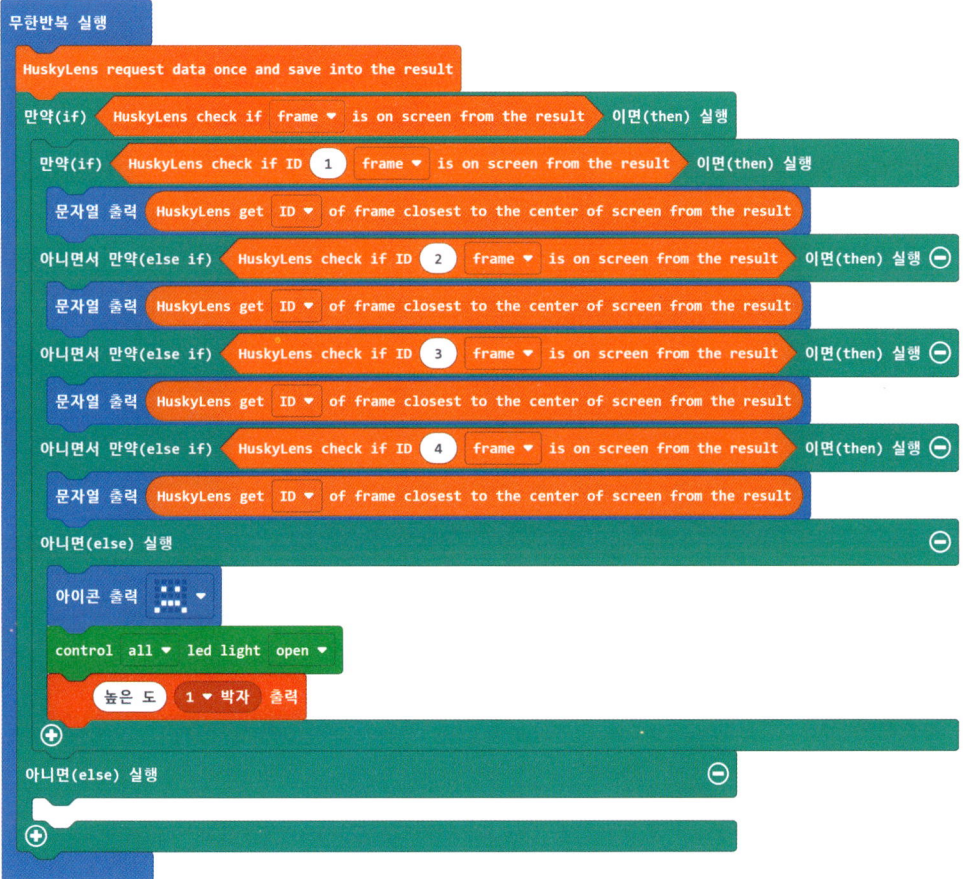

11. frame ID를 판단하는 작업 후에는 LED OFF 블록을 추가합니다.

Maqueen Plus - control left led light close 추가하고, left → all로 변경합니다.

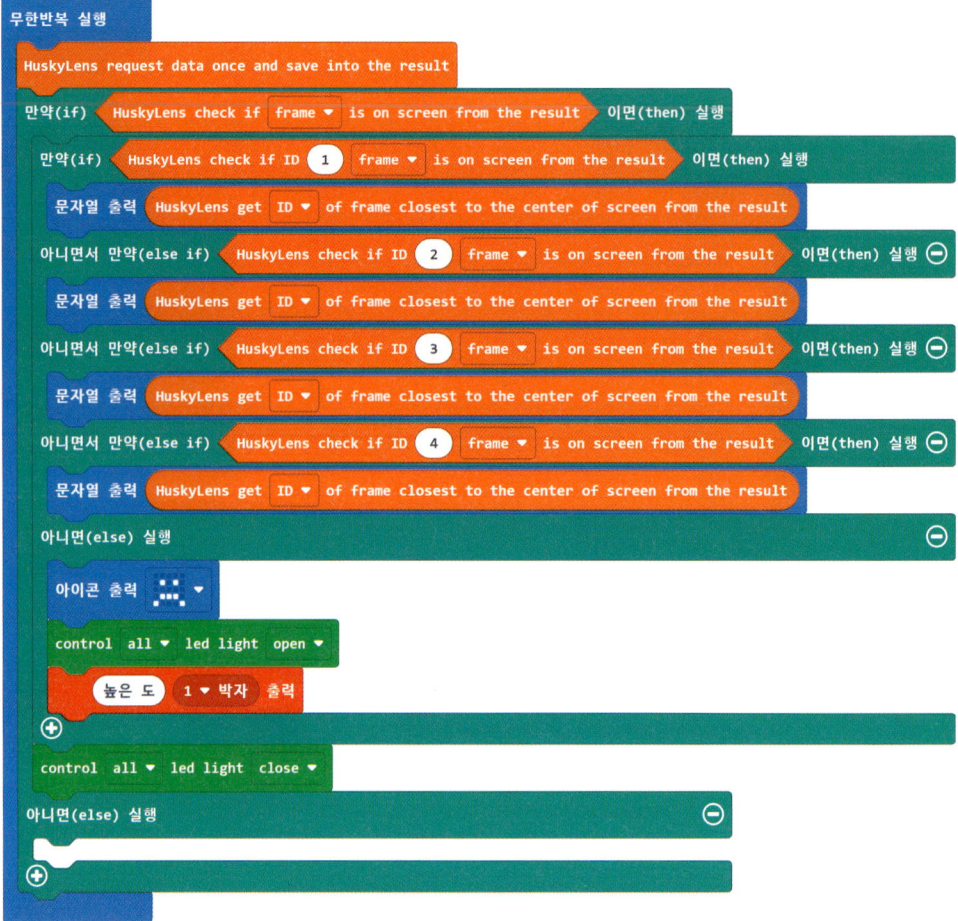

12. 허스키렌즈 화면에 프레임이 없는 경우

기본 - 아이콘 출력 블록을 추가합니다.

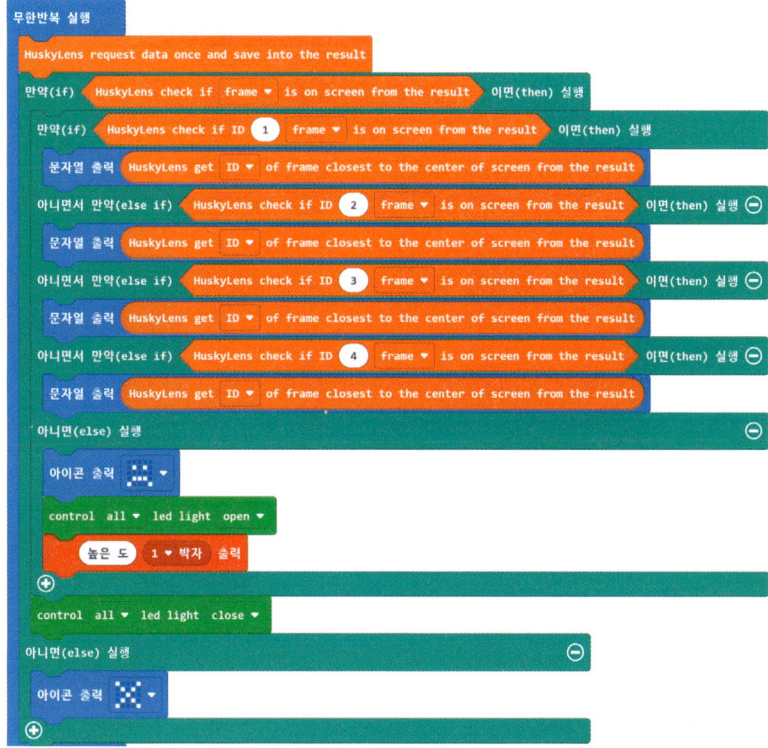

13. 완성된 파일을 마이크로비트에 다운로드합니다.

③ 마퀸플러스 V2에 허스키렌즈 장착하기

마퀸플러스 V2에 허스키렌즈를 장착하여 동작시켜 보도록 하겠습니다.

1. 재료 준비하기

2. 하드웨어 연결하기

1. M3*15mm Copper Bolt 2개를 배터리판 앞쪽에 설치합니다.

2. 허스키렌즈 제품과 함께 제공되는 아치모양의 브라켓을 고정한 볼트에 M3*5mm Screw 로 고정합니다.

3. 다른 브라켓을 아래 사진처럼 M3*5mm Screw로 고정합니다.

4. HuskyLens를 아래 사진처럼 브라켓에 M3*5mm Screw로 고정합니다.

5. 마퀸플러스 V2의 I2C 단자에 허스키렌즈용 4핀 센서 케이블을 연결합니다.
    단자의 색깔과 케이블의 색깔을 맞춰 연결합니다.

마퀸플러스 V2의 I2C 단자는 3개이고 각 단자는 5V/GND/SCL/SDA 표시가 되어 있습니다.

6. 마퀸플러스 V2에 연결된 허스키렌즈용 4핀 센서 케이블의 다른쪽 끝을 허스키렌즈에 연결합니다.

4. 마지막으로 마이크로비트를 마퀸플러스 V2의 마이크로비트 소켓에 삽입합니다.

④ 마무리하기

허스키렌즈를 장착한 마퀸플러스 V2가 제대로 작동하는지 확인해 보세요.

학습시킨 사진과 학습시키지 않은 사진 2장을 준비해 주세요.

미리 학습시킨 얼굴들을 감지하면 ID를 출력하는지, 학습이 되지 않은 얼굴을 감지하면 경고 메시지를 출력하는지 확인합니다.

 **학습시킨 사진 이외에 학습된 얼굴이 있는 사진으로 동작을 확인해 보세요.**

- 다른 위치에서 찍힌 얼굴을 허스키렌즈가 제대로 인식하나요?

18장

마퀸플러스 V2와 허스키렌즈로 라인 따라 움직이기

🔍 이번 장에서는 허스키렌즈의 라인 트래킹(line tracking) 기능을 이용하여 움직이는 자동차를 만듭니다. **학습 목표**

프리뷰	이번에는 색다른 라인 트레이싱(line tracing)을 해보도록 하겠습니다. 우리는 이미 앞에서 마퀸 혹은 마퀸플러스 V2에 탑재된 라인 트래킹 센서(line tracking sensor)를 이용하여 라인 트레이싱을 했습니다. 이번 장에서는 허스키렌즈의 라인 트래킹(line tracking) 기능을 이용한 라인 트레이싱 자동차를 만들어 보겠습니다.
핵심 키워드	마이크로비트, 마퀸플러스 V2, 허스키렌즈, 라인 트레이싱
준비물	마이크로비트, 마퀸플러스 V2, 허스키렌즈, USB 데이터 케이블
학습 시간	하드웨어 조립하기: 10분 / 소프트웨어 코딩하기: 20분
학습 난이도	★★☆☆☆

1 허스키렌즈의 라인 추적 모드 알아보기

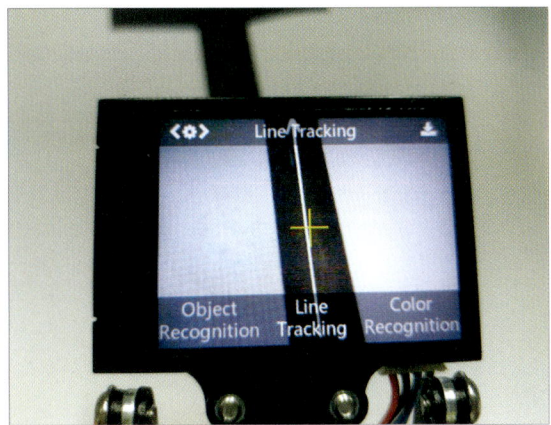

허스키렌즈 전원을 공급합니다. 그리고 기능 버튼을 돌려 허스키렌즈의 모드를 `Line Tracking` 으로 선택합니다. 선을 자동으로 감지하고 흰색 화살표가 나타납니다.

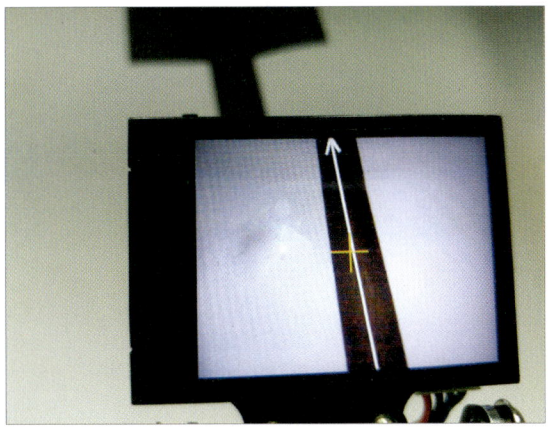

선을 인식 후 학습 버튼을 누르면 학습이 완료됩니다.

> 다중 인식 모드를 선택하면 선의 색깔에 따른 구분이 가능합니다.

학습이 완료되면 파란색 화살표로 경로를 나타냅니다. 이제 이 화살표를 이용하여 마퀸플러스 V2가 길을 따라가도록 합니다.

자세한 학습 방법은 21장을 참고하기 바랍니다.

❷ 코딩하기

마퀸플러스 V2가 선을 따라서 움직이도록 하기 위해서는 선에 대한 정보가 필요합니다. 허스키렌즈가 사물을 인식하는 경우는 사물의 x, y 좌표 정보를 가지고 있습니다. 보통은 인식한 사물을 상자 모양으로 표시를 하게 됩니다.

그러나 라인 추적 모드의 경우 인식하는 것은 선이기 때문에 시작점(beginning)과 끝점(endpoint) 정보를 가지고 있습니다. 이 정보를 이용하여 적절한 알고리즘을 만듭니다.

> 여기서 소개하는 알고리즘 외에도 다양한 알고리즘이 있을 것이며 여기서 알려 드리는 것은 하나의 예로 참고하시면 좋을 것 같습니다.

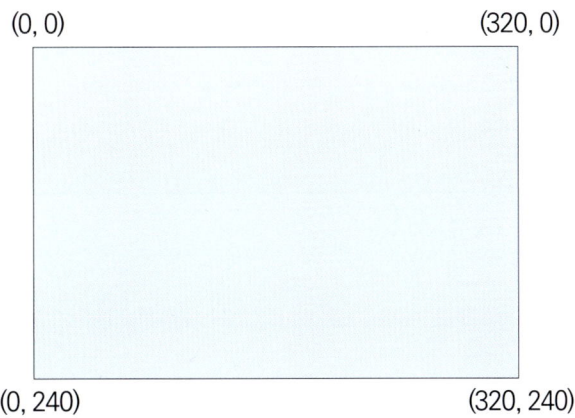

허스키렌즈는 좌측 상단부터 (0, 0)입니다. 가로는 320, 세로는 240까지의 값을 가집니다. 우측 하단이 (320, 240)입니다.

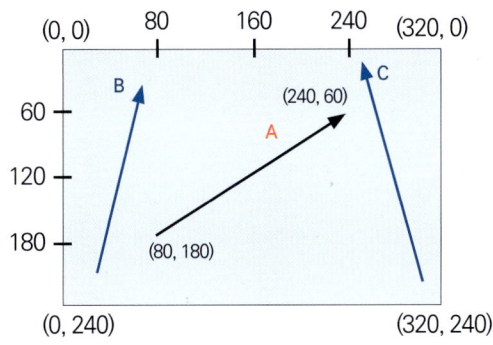

허스키렌즈가 그림과 같이 선을 인식했다면 이 선의 시작점(beginning)의 x 좌표는 80, y 좌표는 180입니다. 또한 끝점(endpoint)의 x 좌표는 240, y 좌표는 60입니다.

화살표가 우측을 향하면 우회전을 하고, 좌측을 향하면 좌회전을 합니다. 마퀸플러스 V2를 목표점을 향해서 움직이게 하면 됩니다.

그러나 화살표가 A와 같이 화면 중심에 있는 경우와 B, C와 같이 화면의 가장자리에 있는 경우에는 다르게 적용해야합니다. 만약 B와 같이 있는데 무조건 우회전을 하다보면 화살표(카메라가 인식한 선)는 카메라 영역을 벗어나게 됩니다.

따라서 다음과 영역을 나누어 다음과 같이 처리해보고자 합니다. (단, 이 알고리즘도 하나의 예일뿐이므로 여러분들이 더 나은 알고리즘을 생각해보시기 바랍니다)

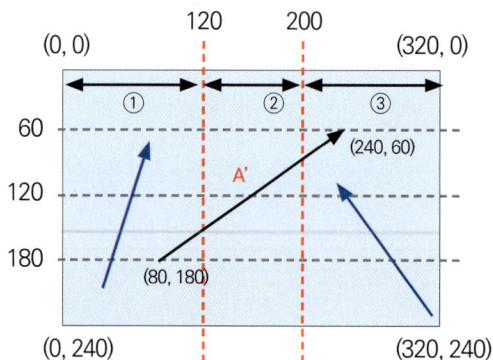

우선 화살표가 ①영역에 있는 경우는 화살표의 방향과 상관없이 무조건 바닥의 선을 자동차 중심쪽으로 끌어오기 위하여 자동차를 왼쪽으로 회전을 시킵니다. 반대로 ③영역에 있는 경우는 자동차를 오른쪽으로 회전시킵니다. 최대한 선을 화면 중심에 둔 다음에 즉 ②의 영역에 화살표가 있도록 한 다음 화살표의 방향에 따라 자동차를 회전시킵니다.

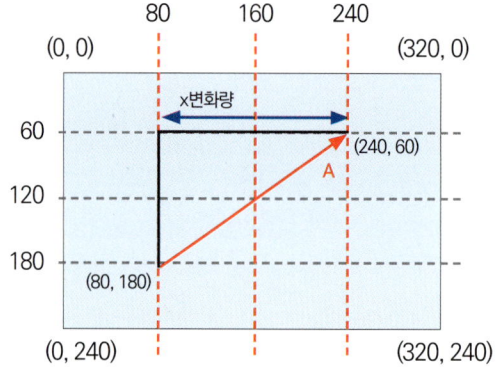

화살표의 x 좌표 변화의 크기를 이용하여 회전의 크기를 정합니다.
변화가 크면 많이 회전시키고 변화가 작으면 조금 회전시키도록 합니다.

x의 변화량은 화살표의 시작점의 x좌표에서 화살표의 끝점의 x좌표를 뺀 값으로 정합니다.

$$x\_diff = x\_beginning - x\_endpoint$$

화살표가 오른쪽을 향할 때 x_diff는 음수가, 화살표가 왼쪽을 향할 때 x_diff는 양수가 됩니다.

이 x_diff 값을 바퀴의 속도를 제어하는 값으로 이용합니다. 이 값을 그대로 사용하기에는 너무 크므로 8로 나누어 사용합니다. (x_diff' = x_diff / 8)

왼쪽 바퀴 기본 속도에서 x_diff'를 빼고, 오른 바퀴 기본 속도에서 x_diff'를 더합니다.
오른쪽 바퀴의 속도가 왼쪽 바퀴의 속도보다 작으면 오른쪽으로 회전합니다.
오른쪽 바퀴의 속도가 왼쪽 바퀴의 속도보다 크면 왼쪽으로 회전합니다.

화살표의 x 좌표의 중간 값은 두 값을 더한 후 2로 나누어주면 됩니다.

$$x\_center = (x\_beginning + x\_endpoint) / 2$$

이제 알고리즘대로 구현을 해보고 동작시켜 봅니다.

이제 허스키렌즈를 이용하여 길을 찾는 알고리즘을 만들고 마퀸플러스 V2에 적용해 보도록 하겠습니다.

1. MakeCode 편집기를 실행합니다. [URL] https://makecode.microbit.org
2. 프로젝트 이름을 "18_마퀸플러스허스키렌즈_라인트레이싱"으로 저장하고 새 프로젝트를 생성합니다.
3. 확장 프로그램 검색창에 아래 URL을 입력하여 마퀸플러스 V2 블록을 추가합니다.
   https://github.com/DFRobot/pxt-DFRobot_MaqueenPlus_v20
4. 확장 프로그램 검색창에 "huskylens" 검색하여 허스키렌즈 확장 블록도 추가합니다.
5. 시작하면 실행 블록에 마퀸플러스 V2와 허스키렌즈를 사용하기 위해 maqueen plus V2-initailize via I2C unitl success와 huskeylens - HuskyLens initailize I2C until success와 HuskyLens switch algorithm to Face Recognition을 추가합니다.
   알고리즘을 Line Tracking으로 변경합니다.

6. 무한반복 실행 블록에 허스키렌즈의 데이터를 가지고 위해 HuskyLens request data once and save into the result 블록을 추가합니다. 그리고 만일(if) 참(true)이면(then) 실행을 추가한 후 〈참이면〉 자리에 Huskylens check if ID 1 frame is on screen from the result 을 추가합니다. Line Tracking 모드에서는 상자가 아닌 화살표 형태로 인식된 정보를 나타내므로 블록에서 frame을 arrow로 변경합니다. 이제 학습된 선이 있는 경우에만 동작합니다.

7. 이제 화살표의 시작점, 끝점의 X 좌표 및 X 좌표의 중간값을 저장할 변수 x_beginning, x_endpoint, x_center를 만듭니다.

그리고 시작점과 끝점의 x 좌표의 차이를 저장할 변수 x_diff도 만듭니다.

허스키렌즈가 인식한 화살표의 시작점 x좌표(X beginning)와 끝점 x좌표(X endpoint)는 HuskyLens get X beginning of ID 1 arrow from the result 블록을 이용하여 읽어올 수 있습니다.

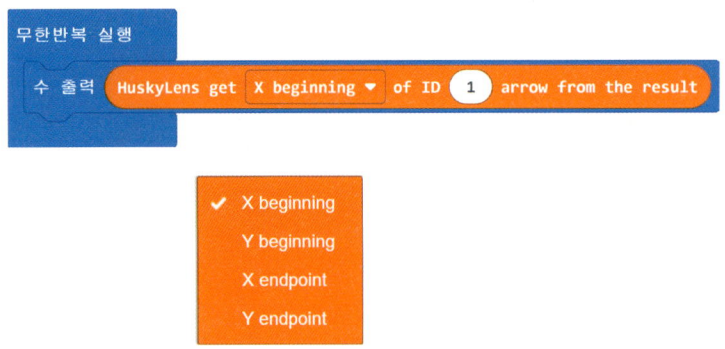

각 변수에 값을 저장합니다.

```
무한반복 실행
  HuskyLens request data once and save into the result
  만약(if)  HuskyLens check if ID  1  arrow ▼ is on screen from the result  이면(then) 실행
      x_beginning ▼ 에  HuskyLens get  X beginning ▼ of ID  1  arrow from the result  저장
      x_endpoint ▼ 에  HuskyLens get  X endpoint ▼ of ID  1  arrow from the result  저장
      x_center ▼ 에  x_beginning ▼  더하기(+) ▼  x_endpoint ▼  ÷ ▼  2  저장
      x_diff ▼ 에  x_beginning ▼  빼기(-) ▼  x_endpoint ▼  ÷ ▼  8  저장
      x_diff ▼ 에  버림(truncate) ▼  x_diff ▼  저장
```

`x_diff` 값은 x 좌표의 차이를 구한 후 8로 나눈 값으로 사용합니다.
그리고 소수점을 버리기 위해 계산 - 버림을 이용하였습니다. 버림 블록은 계산 - 반올림 블록을 가져와 수정합니다.

8. 이 프로젝트에서는 마퀸플러스 V2의 기본 속도를 40으로 정할 예정입니다.
   만약 계산된 x_diff 값이 40보다 커지거나 -40보다 작아지면 바퀴가 반대방향으로 움직일 가능성이 있으므로 최대값이 40, 최소값이 -40을 넘지 않도록 코드를 추가합니다.
   우리 코드에서는 40 또는 -40을 넘어가는 경우는 나오지 않습니다.
   x 값의 최대 차이는 320이고 이것을 8로 나누었으므로 절대값이 40 이상이 될 수 없으나, 기본 속도값을 조절하는 경우 이 부분을 수정해야함을 기억해주세요.

9. 이제 x_center의 값에 따라서 마퀸플러스 V2를 움직입니다.

   1) x_center < 120 이면 좌회전합니다.

   2) x_center > 200 이면 우회전합니다.

   3) 120 <= x_center <= 200 이면 x_diff에 의해 회전 결정하여 움직입니다.

10. 완성된 코드를 마이크로비트에 다운로드합니다.

> 기본 속도에 따라서 인식률이 많이 차이가 납니다.
> 또한 배터리의 닳음 정도도 속도에 영향을 주기 때문에
> 그때 그때 코드의 보정이 필요할 수 있습니다.
> 또한 [Line Recognition] 모드에서는 [Line Recognition] 모드의 세부 설정에서 [LED switch]를 [ON]하여 조명을 켜놓은 상태에서 라인 트레이싱을 시도하면 조금 더 좋은 결과를 확인할 수 있습니다.

18장 마퀸플러스 V2와 허스키렌즈로 라인 따라 움직이기

③ 마퀸플러스에 허스키렌즈 장착하기

마퀸플러스 V2에 허스키렌즈를 장착합니다. 라인 추적이 잘 되기 위해서는 최대한 바닥과 수평을 이루도록 허스키렌즈를 장착해야 합니다.

러스와 M3*25mm 볼트 2개를 준비합니다.

Support wheel(보조바퀴) 부분의 나사를 제거하고 M3*15mm 볼트를 장착합니다.

허스키렌즈와 M3*5mm 나사 2개를 준비합니다.

허스키렌즈 지지대를 M3*15mm 볼트 위에 연결합니다.

허스키렌즈의 I2C 연결 케이블을 마퀸플러스 V2의 후면의 I2C 단자에 연결합니다. 왼쪽부터 순서대로 SDA/SCL/GND/5V입니다.

 허스키렌즈 구입 시 포함된 I2C 연결 케이블을 이용한다면 색깔을 맞추어 그대로 꽂으면 되요. 허스키렌즈가 최대한 지면과 수평을 이룰 수 있도록 해주세요.

④ 마무리하기

마퀸플러스 V2 구입 시 포함된 라인 트랙 맵(Track Map)을 이용하여 테스트해 봅니다. 잘 되었나요?

나만의 라인 트레이싱 활동지를 만들어 테스트해 봅니다.

이건 어떨까요?

이제 나만의 라인 트레이싱 알고리즘을 만들어 적용해 봅니다. 이 책에서는 간단히 x 값만을 이용하였지만 이것으로는 정교한 트레이싱이 불가능합니다. y 값을 이용하여 좀 더 정교한 알고리즘을 구현해 봅시다.

19장

마퀸플러스 V2와 허스키렌즈로 색깔 인식하기

🔍 허스키렌즈에 색깔인식을 시켜서, 구별하게 만들어 봅시다. | 학습 목표

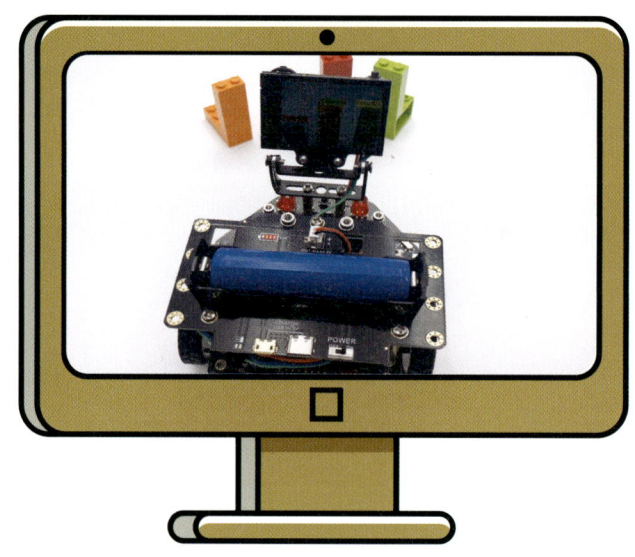

프리뷰	허스키렌즈의 색깔인식모드를 사용해서 특정 색상을 구별해서 움직일 수 있게 만들어 볼까요?
핵심 키워드	마이크로비트, 허스키렌즈, 색깔구별, 마퀸플러스 V2
준비물	마이크로비트, USB 데이터 케이블, 마퀸플러스 V2, 대용량배터리, 색지
학습 시간	하드웨어 설정하기: 15분 / 소프트웨어 코딩하기: 20분
학습 난이도	★★★★☆

① 허스키렌즈 학습시키기

1. 다중 색상 인식 기능 설정

1. 허스키렌즈에 전원을 공급하여 켭니다. 그리고 기능 버튼을 돌려 허스키렌즈의 모드를 `Color Recognition`으로 선택합니다.

2. `Color Recognition` 모드에서 기능 버튼을 길게 눌러 인식 기능의 매개 변수 설정 모드로 들어갑니다.

3. "Learn Multiple"이 굵은 글씨체로 활성화되도록 기능 버튼을 오른쪽으로 돌립니다.

4. 기능 버튼을 짧게 누르고 오른쪽으로 돌려 "Learn Multiple" 스위치를 켭니다. 즉, 진행률 표시 줄이 파란색으로 바뀌고 진행률 표시 줄의 사각형 아이콘이 오른쪽으로 움직입니다. 그런 다음 기능 버튼을 짧게 눌러 매개 변수를 설정합니다.

5. "Save & Return"이 굵은 글씨체로 활성화되도록 기능 버튼을 왼쪽으로 돌리고 기능 버튼을 짧게 누릅니다. 이때 화면에 "Do you save data?/저장하시겠습니까?"가 나오면 "예"를 선택하고 기능 버튼을 짧게 눌러 매개 변수를 저장합니다.

2. 다중 색상 인식하기

이제 허스키렌즈에 색깔을 학습시키겠습니다.

1. 흰색 종이에 허스키렌즈를 가져갑니다.

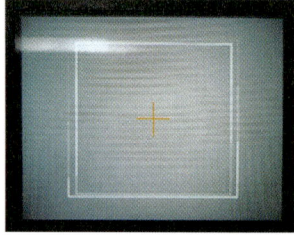

2. 가운데 노란색 +에 흰색 상자가 나타나면 학습 버튼을 길게 누릅니다. 노란색으로 "Learning" 메시지와 함께 노란색 상자가 나타나면 학습이 시작됩니다. 학습 버튼을 누르는 동안 다양한 각도와 다양한 거리에서 인식이 되도록 학습 대상을 움직입니다.

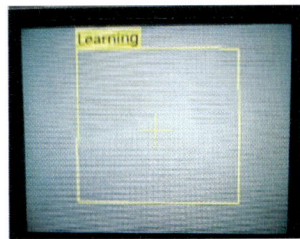

3. 학습이 되면 파란색 상자로 표시되며 "Color:ID1"로 나타나고, 학습 후 "Click again to continue! Click other button to finish"라는 메시지가 표시됩니다. 다른 색깔을 학습시키려면 카운트다운이 끝나기 전에 학습 버튼을 짧게 누릅니다.

허스키렌즈가 학습한 색상은 자동 저장하고 저장할 때마다 ID 값은 증가하고 상자의 색도 달라집니다.

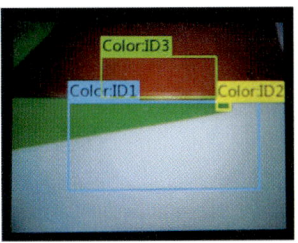

허스키렌즈 프로토콜 설정 (p237~p238 자세한 설명을 참조하세요.)
: 인식이 잘 안 될 때 Auto Detect에서 I2C로 설정을 변경합니다.
1. 마이크로비트에 연결하기 전에 설정을 바꿔줘야 합니다.
2. "Color Recognition"에서 오른쪽 기능버튼을 돌린 후 "General Settings" 모드가 표시되면, 짧게 기능버튼을 누릅니다.

 코딩하기

허스키렌즈가 학습된 색깔들을 감지하면 마퀸플러스 V2가 색깔별로 움직임이 다르게 합니다.

1. MakeCode 편집기를 실행합니다. [URL] https://makecode.microbit.org
2. 프로젝트 이름을 "19_마퀸플러스와 허스키렌즈로 색깔인식"로 저장하고 새 프로젝트를 생성합니다.
3. 확장 프로그램 검색창에 아래 URL을 입력하여 마퀸플러스 V2 블록을 추가합니다.
   https://github.com/DFRobot/pxt-DFRobot_MaqueenPlus_v20
4. 확장 프로그램 검색창에 "huskylens" 검색하여 허스키렌즈 확장 블록도 추가합니다.
5. 시작하면 실행 블록에

   Maqueen Plus V2 - initialize via I2C until success 블록을 추가하고,

   HuskyLens - HuskyLens initialize via I2C until success 블록을 추가합니다.

   HuskyLens - HuskyLens switch algorithm "Face Recognition" 블록을 추가하고,

   "Face Recognition" → "Color Recognition"으로 바꿔 줍니다.

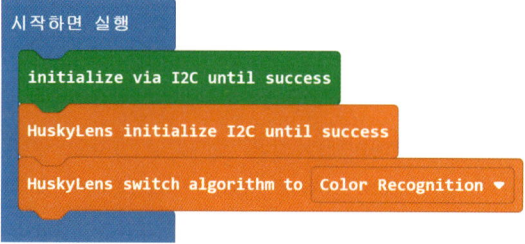

6. 무한반복 실행 블록에 허스키렌즈에서 인식한 결과값을 가지고 오는 블록을 추가합니다.

   HuskyLens - HuskyLens request data once and save into the result 블록 추가

7. 마퀸플러스 V2는 직진으로 움직이다가 학습된 색상을 만나면 즉, ID1, ID2, ID3을 만나면 각각 좌회전, 우회전, 후진을 합니다.

또한 직진할 때는 RGB LED를 흰색, 왼쪽, 오른쪽으로 회전할 때는 주황색, 뒤로 움직일 때는 빨간색이 되도록 합니다.

우선 무한반복 실행 블록에 만약(if) 참이면(then) 실행 블록을 가져와 아래와 같이 만듭니다.

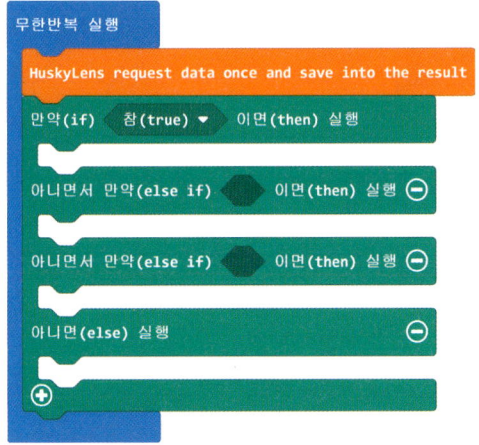

8. 우선 ID1을 인식했을 때 좌회전하도록 처리합니다. RGB LED는 주황색입니다.

조건블록 안에 HuskyLens - HuskyLens check if ID 1 frame is on screen from the result 블록을 추가합니다.

Maqueen Plus V2 - set left motor direction rotate forward speed 100 을 추가하고, 속도 '100'을 '0'으로 변경합니다.

Maqueen Plus V2 - set left motor direction rotate forward speed 100 을 추가하고, 'left'를 'right'로 속도 '100'은 '50'으로 변경합니다.

Maqueen Plus V2 - RGB show color red 추가하고 red를 orange로 변경합니다.

이제 ID2을 인식했을 때 우회전하도록 처리합니다. RGB LED는 주황색입니다.

두번째 조건블록 안에 HuskyLens - HuskyLens check if ID 1 frame is on screen from the result 블록을 추가합니다. ID '1'을 '2'로 변경합니다.

Maqueen Plus V2 - set left motor direction rotate forward speed 100 을 추가하고, 속도 '100'을 '50'으로 변경합니다.

Maqueen Plus V2 - set left motor direction rotate forward speed 100 을 추가하고, 'left'를 'right'로 속도 '100'은 '0'으로 변경합니다.

Maqueen Plus V2 - RGB show color red 추가하고 red를 orange로 변경합니다.

9. ID3가 인식되면 후진합니다. RGB LED는 빨간색입니다.

남아있는 조건블록 안에 HuskyLens - HuskyLens check if ID 1 frame is on screen from the result 블록을 추가합니다.

Maqueen Plus V2 - set left motor direction rotate forward speed 100 을 추가하고, 'left'를 'all'로 'rotate forward'는 'backward'로, 속도 '100'은 '50'으로 변경합니다.

Maqueen Plus V2 - RGB show color red 추가합니다.

마지막으로 아니면(else) 실행에는 전진 코드와 RGB LED를 백색으로 켜기 위한 코드를 넣습니다.

Maqueen Plus V2 - set left motor direction rotate forward speed 100 을 추가하고, 'left'를 'all'로 속도 '100'은 '50'으로 변경합니다.

10. 완성된 파일을 마이크로비트에 다운로드합니다.

③ 마퀸플러스 V2에 허스키렌즈 장착하기

마퀸플러스 V2에 허스키렌즈를 장착하여 동작시켜 보도록 하겠습니다.
17, 18장에서 다룬 내용입니다. 참고하기 바랍니다.

④ 마무리하기

허스키렌즈를 장착한 마퀸플러스 V2가 제대로 작동하는지 확인해 보세요.

📚 이건 어떨까요?

- 색상을 더 많이 학습시켜 보세요.
- 교통신호를 수신호하는 경찰자동차를 만들어 보세요.

20장

Mind+ 로 마이크로비트 코딩하기

🔍 Mind+ 프로그램으로 마이크로비트를 코딩합니다. | 학습 목표

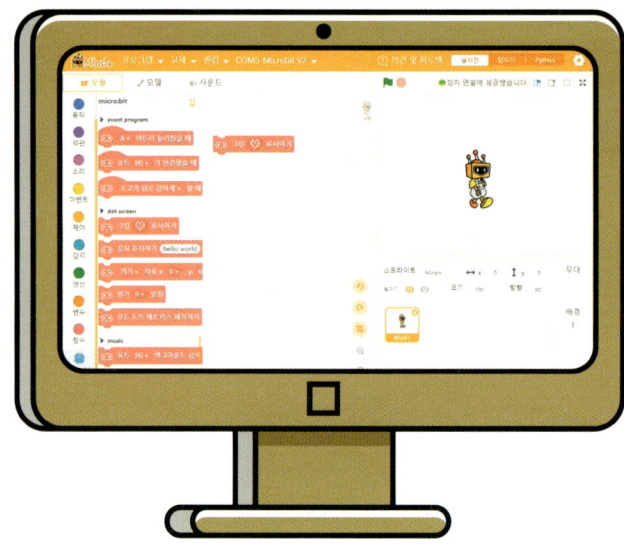

프리뷰	마이크로비트는 메이크 코드 이외에도 엔트리, 스크래치, 엠블록, Mind+ 와 같은 프로그램을 이용하여 프로그래밍이 가능합니다. 21장에서는 Mind+ 라는 프로그램을 이용하여 마이크로비트를 프로그램하는 방법을 배우도록 하겠습니다.
핵심 키워드	마이크로비트, Mind+ 프로그램
준비물	마이크로비트, USB 데이터 케이블
학습 시간	하드웨어 설정하기: 10분 / 소프트웨어 코딩하기: 10분
학습 난이도	★☆☆☆☆

 **Mind+ 설치하기**

1. https://mindplus.cc/en.html에 접속합니다.

2. 화면 상단의 Download 또는 화면 중앙의 Download를 클릭합니다.

3. 화면의 Mind+ Desktop for Windows를 다운로드 합니다.

4. 다운로드가 완료되면 하단의 버튼을 클릭합니다.

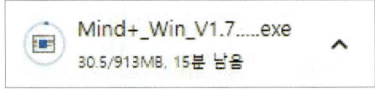

5. Installer Language 화면이 뜹니다. OK 버튼을 클릭합니다.

6. License Agreement 화면이 뜹니다. I Agree 버튼을 클릭합니다.

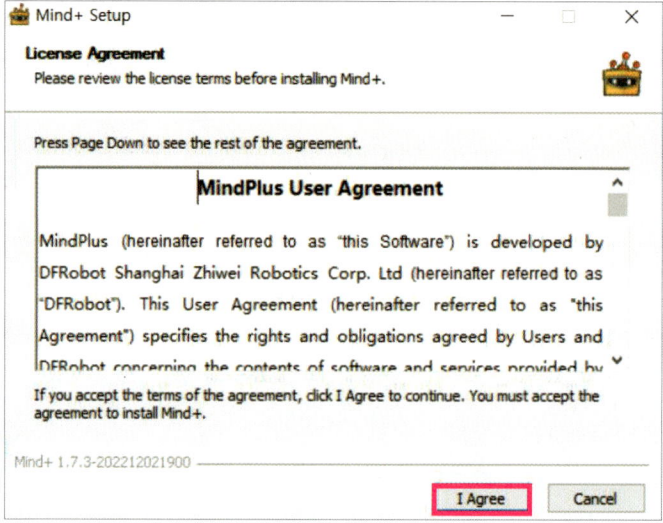

7. Choose Install Location 화면이 뜹니다. Install 버튼을 클릭합니다.

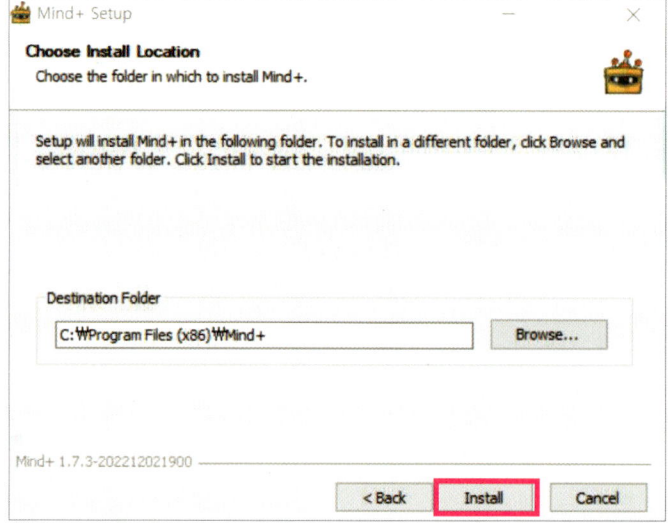

8. Installing 화면이 뜹니다.

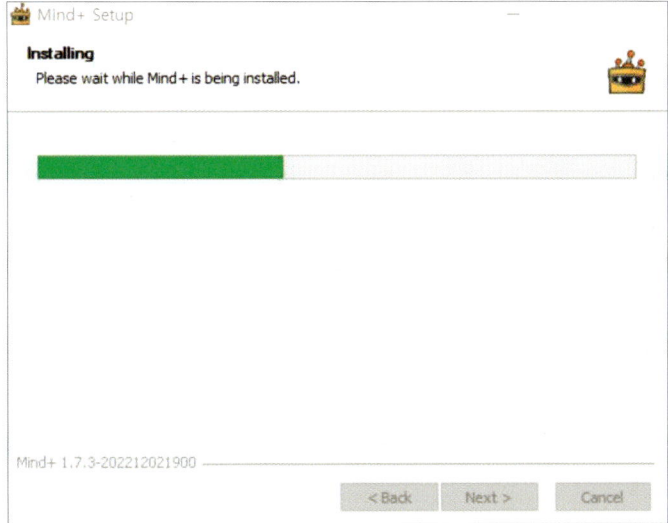

9. Install이 완료 되었습니다. Finish 버튼을 클릭합니다.

10. Mind+ 프로그램이 실행됩니다.

여기서 잠깐! Mind+와 마이크로비트 사용 방법

1. 실시간 방법 : 장치를 연결한 후 코딩한 내용을 실시간으로 마이크로비트에서 확인
2. 업로드 방법 : 코드를 직접 업로드해서 마이크로비트에서 확인

→ Mind+ 오른쪽 상단에 제공하는 버튼을 눌러 모드를 변경합니다.

→ 실시간 방법과 업로드 방법에 따라 제공되는 블록이 다릅니다.

2 실시간 방법

1. 장치 연결하기

가. 마이크로비트와 컴퓨터를 USB케이블과 연결합니다.

나. Mind+ 프로그램의 왼쪽 하단 확장 블록을 클릭합니다.

다. 메인보드 선택하기 창이 열리면 마이크로비트를 선택한 후 뒤로 버튼을 눌러 메인 화면으로 돌아갑니다.

20장 Mind+ 로 마이크로비트 코딩하기 **245**

라. 마이크로비트 블록이 추가되었습니다.

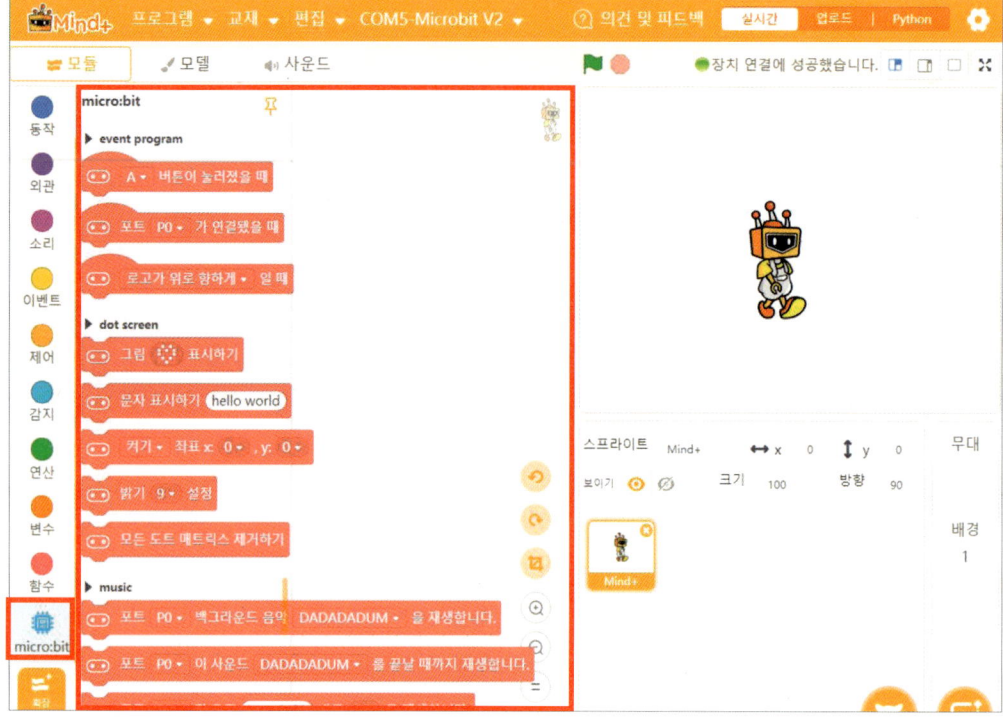

마. Mind+ 프로그램의 상단의 장치 연결하기를 클릭합니다.

바. 팝업창이 뜨면 마이크로비트가 연결된 포트를 클릭합니다.

마이크로비트가 연결된 포트는 컴퓨터마다 다를 수 있어요!

사. 연결된 성공하면 상단에 연결된 포트와 보드 이름이 나타나고, "장치 연결에 성공했습니다." 메시지가 나타납니다.

2. 코딩하기

가. micro:bit 블록 - A버튼이 눌러졌을 때 블록을 추가하고,
micro:bit 블록 - 그림 ♡ 표시하기 블록 추가합니다.

나. micro:bit 블록 - A버튼이 눌러졌을 때 블록을 추가하고, A → B 로 변경합니다.
micro:bit 블록 - 그림 ♡ 표시하기 블록 추가하고, ♡ → ♥ 로 변경합니다.

3. 동작 확인하기

가. 마이크로비트의 A버튼과 B버튼을 눌러 제대로 동작하는지 확인합니다.

③ 업로드 방법

1. 장치 연결하기

가. 마이크로비트와 컴퓨터를 USB케이블과 연결합니다.

나. Mind+ 프로그램의 왼쪽 하단 확장 블록을 클릭합니다.

다. 마이크로비트 클릭한 후 뒤로 버튼 클릭합니다.

라. 마이크로비트 블록이 추가되었습니다.

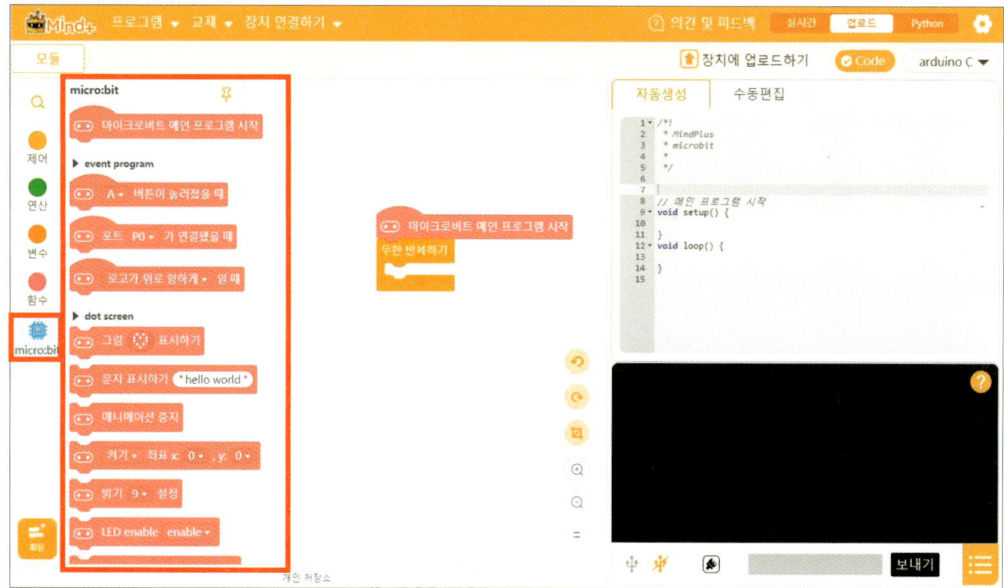

2. 코딩하기

가. 화면의 무한 반복하기 블록 삭제하고,

　　micro:bit 블록 - 문자표시하기 "hello world" 블록 추가합니다.

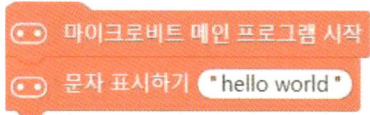

나. micro:bit 블록 - A버튼이 눌러졌을 때 블록을 추가하고,

　　micro:bit 블록 - 그림 ♡ 표시하기 블록 추가합니다.

다.  블록 - A버튼이 눌러졌을 때 블록을 추가하고, A → B 로 변경합니다.

 블록 - 그림 ♡ 표시하기 블록 추가하고, ♡ → ♥ 로 변경합니다.

3. 장치에 업로드하기

가. 프로그램 오른쪽 상단에 "장치에 업로드하기" 버튼을 클릭합니다.

나. 팝업창이 뜨고 업로드가 진행됩니다.

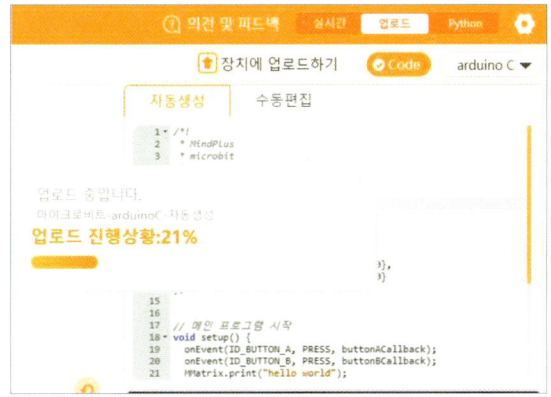

4. 동작 확인하기

가. 마이크로비트 프로그램 시작시 "hello world" 문자가 표시되는지 확인합니다.

나. 마이크로비트의 A버튼과 B버튼을 눌러 제대로 동작하는지 확인합니다.

④ 마무리하기

마이크로비트가 정상적으로 동작하는지 확인해 봅니다.

메이크코드에서 작업했던 내용들을 Mind+에서 작업해 보세요.

21장

허스키렌즈 설정 및 펌웨어 업데이트 하기

프리뷰	인공지능 프로젝트를 수행하는 데 있어 이미지 인식은 빠질 수 없는 주요 기능입니다. 복잡한 알고리즘을 적용하여 이미지를 처리하기 때문에 일반인이나 학생들이 사용하기에는 어려움이 있었습니다. 그러나 DFROBOT의 허스키렌즈는 이미지를 처리하기 위한 복잡한 알고리즘을 내장하고 있기에 간단한 절차를 거쳐 이미지 인식 기능을 인공지능 프로젝트에 적용할 수가 있습니다. 이 장에서는 허스키렌즈의 기본 사용법 및 설정 방법을 알아봅니다. 또한 펌웨어 업데이트 방법을 알아봅니다. 그리고 추가적으로 허스키렌즈-PRO 버전만의 특화 기능도 알아봅니다. 이 책은 펌웨어 버전 V0.5.1을 기준으로 작성되었습니다.

허스키렌즈란?

허스키렌즈는 이미지 인식 알고리즘이 탑재된 비전(vision) 센서(sensor)입니다. 얼굴 인식, 사물 추적, 사물 인식, 라인 추적, 색상 인식 및 태그 인식, 사물 분류 등 7개의 내장 기능을 가지고 있습니다.

또한 UART/I2C 포트를 통해 아두이노, 마이크로비트, 라즈베리파이, 라떼판다 등의 보드와 연결하여 사용이 가능합니다.

1. 허스키렌즈 알아보기

1. 허스키렌즈의 사양

프로세서	Kendryte K210
이미지센서	허스키렌즈 : OV2540(2.0메가픽셀 카메라) 허스키렌즈-PRO : OV5640(5.0메가픽셀 카메라)
공급 전압	3.3~5.0V
소비 전류(typ)	320mA@3.3V 230mA@5.0V (얼굴 인식 모드; 80% 백라이트 밝기; 채우기 조명 끄기)
연결 인터페이스	UART, I2C
화면	320*240 해상도의 2.0인치 IPS 화면
내장 알고리즘	얼굴 인식, 사물 추적, 사물 인식, 라인 추적, 색상 인식, 태그 인식, 사물 분류
크기	52mm*44.5mm

2. 허스키렌즈의 외관

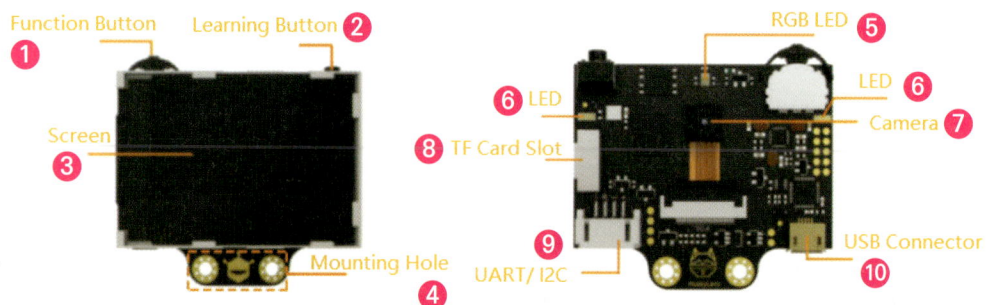

①	Function Button(기능 버튼)	기능 선택(다이얼링) 및 2단계 메뉴 설정 모드 진입(길게 누르기) 시 사용 - 얼굴 인식(Face Recognition), 사물 추적(Object Tracking), 사물 인식(Object Recognition), 라인 추적(Line Tracking), 색상 인식(Color Recognition), 태그 인식(Tag Recognition), 사물 분류(Object Classification), 일반 설정(General Settings)
②	Learning Button(학습 버튼)	1차원 학습(짧게 누르기) 및 3차원 학습(길게 누르기) 시 사용
③	Screen(화면)	메뉴 디스플레이 및 카메라 모니터링 가능
④	Mounting Hole(장착 구멍)	다른 장치에 연결하기 위한 구멍
⑤	RGB LED	얼굴 인식 모드에서만 사용 - 파랑: 얼굴 감지(학습 전) - 노랑: 학습 중 - 초록: 얼굴 감지(학습 후)
⑥	LED	어두울 때 조명으로 사용 가능 (ON/OFF, 1~100) 기본 값은 OFF이며 기본 밝기는 50
⑦	Camera(카메라)	허스키렌즈 : OV2540(2.0메가픽셀 카메라) 허스키렌즈-PRO : OV5640(5.0메가픽셀 카메라)
⑧	TF Card Slot	SD카드를 꽂기 위한 슬롯 - 허스키렌즈 스크린의 이미지를 저장하거나 학습 모델을 저장하기 위해 사용
⑨	UART/I2C	타 장치와 연결 인터페이스(4 pin)
⑩	USB Connector	전원 공급 및 펌웨어 업그레이드 시 컴퓨터 연결용

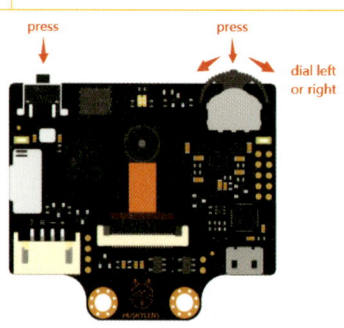

3. 허스키렌즈의 일반 설정

① 기능 버튼을 돌려 가장 오른쪽 끝의 "General Settings"가 보이면 기능 버튼을 짧게 눌러서 들어갑니다. "General Settings" 메뉴에는 Save & Return, Protocol Type, Screen Brightness, Menu Auto-hide, LED Switch, LED Brightness, RGB Switch, RGB Brightness, Camera Gain Lock, Factory Reset, Version, Language가 있습니다.

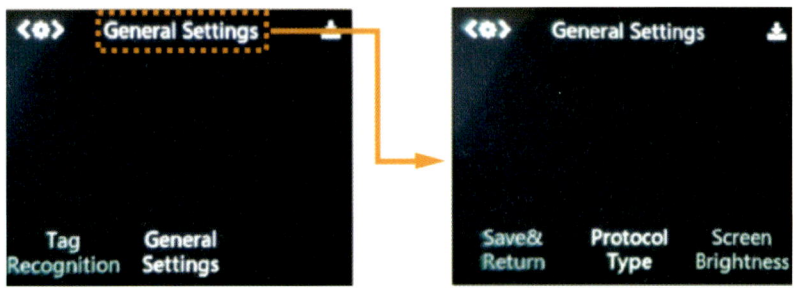

② 기능 버튼을 돌려 원하는 매개 변수가 보이면 기능 버튼을 짧게 눌러 선택하고 또다시 기능 버튼을 돌려 매개 변수 값을 조정합니다. 원하는 값에서 기능 버튼을 짧게 눌러 선택합니다. 매개 변수를 다 조정하였으면 기능 버튼을 왼쪽으로 돌려 "Save & Return"을 선택한 후 기능 버튼을 짧게 누릅니다. "Do you save data?/저장하시겠습니까?"라고 물으면 "Yes/예"를 선택하여 저장하고 종료합니다. (기본 값은 "Yes/예"입니다.)

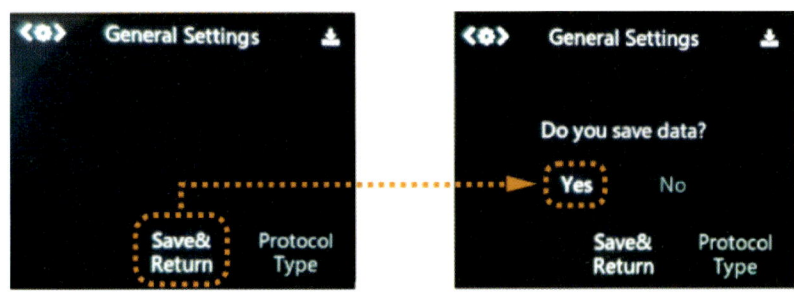

Parameters / 매개 변수	설명	기본 값
Protocol Type	- UART (9600, 115200, 1000000 전송 속도) 및 I2C 프로토콜을 지원 - UART와 I2C 사이를 자동으로 전환 지원	auto-detection / 자동 감지
Screen Brightness	1~100의 밝기 지원	80
Menu Auto-hide	- 일정 시간 동안 조작하지 않으면 화면의 메뉴가 자동으로 사라짐 - 1~100초 사이 선택 가능	10초
LED Switch	ON/Off 선택 가능	OFF
LED Brightness	1~100의 밝기 지원	50
RGB Switch	ON/Off 선택 가능 - 현재는 얼굴 인식 기능에서만 사용됨	ON
RGB Brightness	1~100의 밝기 지원	20
Camera Gain Lock	영상밝기조절	OFF
Factory Reset	공장 설정으로 재설정 가능	-
Version	펌웨어의 버전 표시	-
Language	중국어와 영어 지원	영어

2. 허스키렌즈에게 얼굴 인식(Face Recognition) 학습시키기

기본 설정은 단일 얼굴을 배우고 인식하는 것이며 모드 변경을 통해서 여러 명의 얼굴 인식도 가능합니다.

1. 단일 얼굴 학습

화면에 "Face Recognition"이라는 단어가 표시될 때까지 기능 버튼을 좌우로 돌립니다.

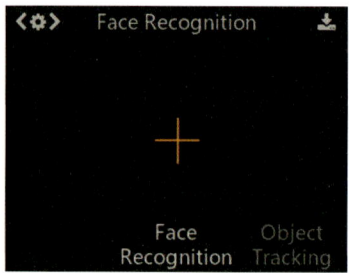

① 얼굴 인식: 허스키렌즈를 어떤 얼굴로 향하게 합니다. 얼굴이 감지되면 화면에 "Face"라는 단어가 있는 흰색 상자로 자동 선택됩니다.

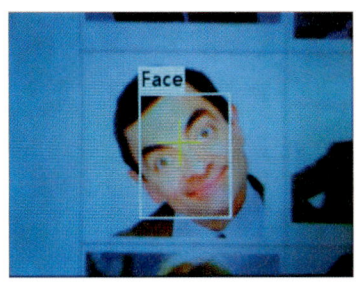

② 얼굴 학습(1차원): 얼굴에 "+" 기호를 가리키고 "학습 버튼"을 짧게 누르면 얼굴을 학습합니다. 허스키렌즈에서 동일한 얼굴을 감지하면 화면에 "Face: ID1"이라는 파란색 상자가 표시됩니다.

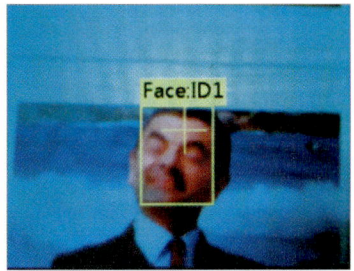 

그러나 허스키렌즈는 위 작업 후에 얼굴의 한 평면(1차원)만 배우는 반면 사람의 얼굴은 3차원입니다. 얼굴의 각도가 변경되면 허스키렌즈가 인식하지 못할 수 있습니다. 따라서 허스키렌즈가 다른 각도에서 얼굴을 배우도록 해야 합니다.

③ 얼굴 학습(3차원): 이미 학습된 얼굴이 있다면 삭제를 하고 다시 시작합니다. 학습 버튼을 짧게 누르면 메시지 상자가 나옵니다. 시간이 끝나기 전에 학습 버튼을 다시 한번 짧게 누르면 이전에 학습된 정보가 삭제됩니다.

"학습 버튼"을 길게 누르고 있으면 허스키렌즈의 "+"가 다른 각도로 향하게 됩니다. 이 과정에서 얼굴에 "Face: ID1"이라는 노란색 상자가 표시되어 허스키렌즈가 얼굴을 학습하고 있음을 나타냅니다. 허스키렌즈가 얼굴의 다양한 면 및 모양을 학습할 수 있도록 합니다. "학습 버튼"을 놓습니다. 허스키렌즈가 학습된 얼굴을 감지하면 "Face: ID1"이라는 파란색 상자가 표시되어 얼굴 학습이 성공적으로 완료되었음을 알려 줍니다. 이제 허스키렌즈는 다양한 각도 및 표정의 얼굴을 인식할 수 있습니다.

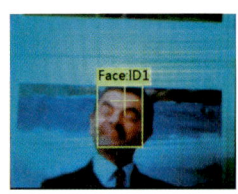 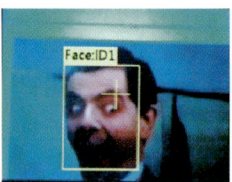  

 **화면 중앙 상자의 색은 이런 의미예요**

각 모드에서 화면 중앙의 상자 색상의 정의와 "+" 기호는 모두 동일한 의미를 가지므로 허스키렌즈의 현재 상태를 알 수 있어요.

색깔	상태
주황색에서 노란색, 노란색에서 주황색으로	대상을 아직 배우지 못했지만 배울 준비가 되어 있음
노랑색	새로운 대상을 학습 중임
푸른색	학습이 완료되었고 인식했음

2. 다중 얼굴 학습

① "Face Recognition" 모드에서 기능 버튼을 길게 눌러 얼굴 인식 기능의 매개 변수 설정 모드로 들어갑니다.

② "Learn Multiple"이 보일 때까지 기능 버튼을 돌린 다음 기능 버튼을 짧게 누르고 오른쪽으로 돌려 "Learn Multiple"이 보이면 기능 버튼을 짧게 눌러 선택합니다. 그리고 다시 기능 버튼을 돌려 슬라이드바를 파란색으로 활성화시킵니다. 다시 기능 버튼을 짧게 눌러 상위 모드 돌아갑니다.

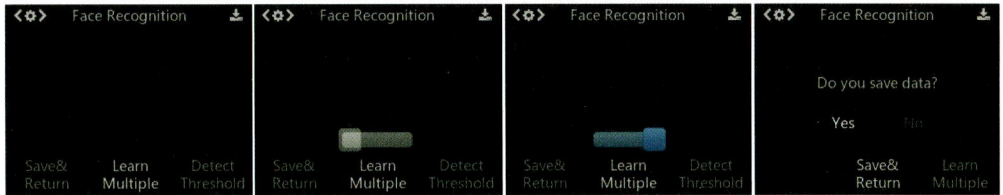

③ "Save & Return"이 표시될 때까지 기능 버튼을 왼쪽으로 돌리고 선택합니다. 화면에 "Do you save data?/저장하시겠습니까?"가 나오면 기본적으로 "예"를 선택하면 기능 버튼을 짧게 눌러서 매개 변수를 저장하면 자동으로 돌아갑니다.

④ 얼굴에 "+" 기호를 가리키고 학습 버튼을 길게 눌러 첫 번째 사람의 얼굴을 학습합니다. 그런 다음 학습 버튼을 놓으면 허스키렌즈가 같은 얼굴을 감지하면 "Face: ID1"이라는 파란색 상자가 표시됩니다. 한편 "Click again to continue! Click other button to finish"라는 메시지가 표시됩니다. 다른 사람의 얼굴을 학습시키려면 카운트다운이 끝나기 전에 학습 버튼을 짧게 누릅니다. 더 이상 학습시키지 않으려면 카운트다운이 끝나기 전에 기능 버튼을 짧게 누르거나 카운트다운이 끝날 때까지 기다립니다.

첫 번째 얼굴을 인식하는 단계와 동일하게 두 번째 사람의 얼굴을 학습합니다. 허스키렌즈가 같은 얼굴을 감지하면 "Face: ID2"라는 파란색 상자가 표시됩니다.

⑤ 학습된 얼굴 정보가 자동으로 저장됩니다. 허스키렌즈가 학습된 얼굴을 인식하면 "IDx"로 표시합니다. 예를 들어, 허스키렌즈가 첫 번째 사람의 학습된 얼굴을 감지하면 파란색 상자로 표시되고 "Face: ID1"로 표시되고 두 번째 사람의 학습된 얼굴을 감지하면 노란색 상자로 표시되고 "Face: ID2"로 표시합니다.

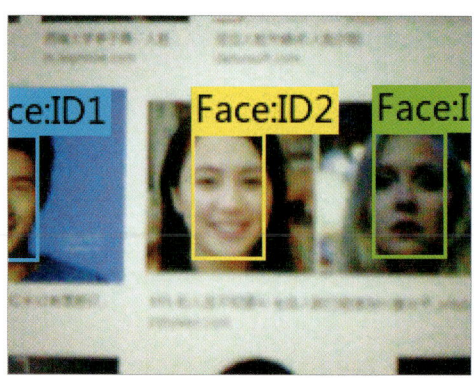

3. 허스키렌즈 사물 추적(Object Tracking) 학습시키기

1. 작동 및 설정

① 기능 버튼을 돌려 "Object Tracking"을 선택합니다.

② 기능 버튼을 길게 눌러 "Object Tracking"의 매개 변수 설정으로 들어갑니다.

③ 기능 버튼을 돌려 "Learn Enable"을 선택 후 기능 버튼을 짧게 누르고 다이얼을 오른쪽으로 돌려 "Learn Enable"을 켭니다. 즉 진행 바를 오른쪽으로 이동합니다. 기능 버튼을 짧게 눌러 이 값을 저장합니다.

④ 또한 "Auto Save"도 ③과 동일한 방법으로 "ON"으로 저장합니다.

⑤ 필요에 따라서 "Frame Ratio"와 "Frame Size"도 조정할 수 있습니다.

⑥ 이제 저장하고 나갑니다.

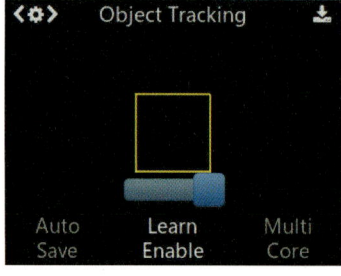 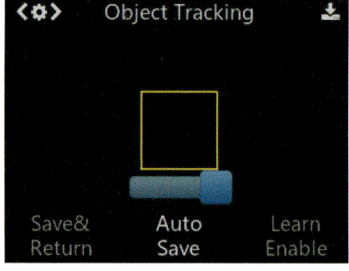

2. 학습 및 탐지

① 사물 학습: 사물이 화면의 중앙에 있는 노란색 상자에 들어갈 때까지 거리를 조정합니다. 그런 다음 학습 버튼을 길게 눌러 다양한 각도와 거리에서 사물을 학습합니다. 학습 과정 중에 "Learning: ID1"이라는 단어가 있는 노란색 상자가 화면에 표시되면 학습 버튼을 놓아 학습을 완료합니다.

단, 한 번에 하나의 사물만 추적할 수 있습니다. 윤곽이 분명하고 다양한 동작을 포함한 모든 대상을 추적할 수 있습니다.

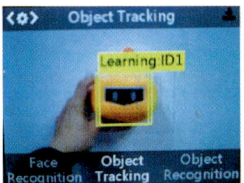 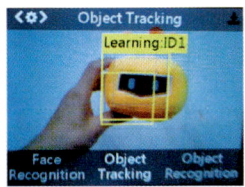 

② 사물 추적: 허스키렌즈 또는 대상을 이동하면 상자가 사물을 자동으로 추적합니다. 사물을 추적할 때 허스키렌즈가 학습하는 동안 사물을 추적하고 있음을 나타내는 "Learning: ID1"이라는 노란색 단어가 표시됩니다. 이 설정은 사물 추적 기능을 향상시킵니다. 이 기능은 매개 변수 설정 메뉴에서 "On/Off"가 가능합니다.

4. 허스키렌즈 사물 인식(Object Recognition) 학습시키기

허스키렌즈는 20개의 사물을 인식할 수 있습니다. 비행기, 자전거, 새, 배, 병, 버스, 자동차, 고양이, 의자, 소, 식탁, 개, 말, 오토바이, 사람, 화분, 양, 소파, 기차, TV 인식이 가능합니다.

1. 단일 사물 인식

① 기능 버튼을 돌려 "Object Recognition"을 선택합니다.
② 사물을 감지하면 허스키렌즈가 자동으로 20개의 사물 중 가장 근접한 사물로 흰색 상자로 표시합니다.

③ "+" 기호를 사물로 향한 다음 "학습 버튼"을 짧게 누릅니다. 누르면 상자의 색상이 흰색에서 파란색으로 바뀌고 사물 이름과 ID 번호가 화면에 나타납니다.

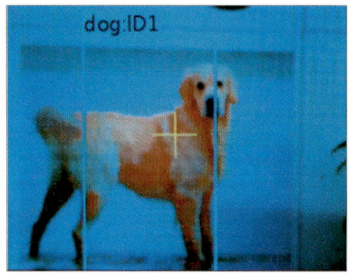 

화면 중앙에 노란색 "+" 기호가 없으면 허스키렌즈가 이미 사물을 학습했음을 의미합니다. 이미 학습된 내용을 삭제하려면 얼굴 인식에서 얼굴을 삭제하는 방법을 참조하세요.

2. 다중 사물 인식

① 기능 버튼을 돌려 "Object Recognition" 선택 후 "Learn Multiple"을 활성화합니다.

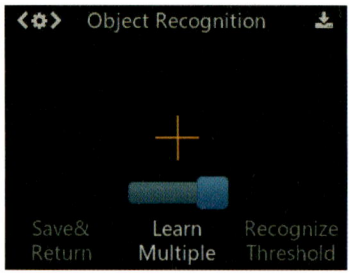

② 이제 다양한 사물을 학습시킵니다. ID 번호는 사물을 학습하는 순서와 관련이 있습니다. 예를 들어, 개가 처음으로 학습되고 고양이가 두 번째로 학습되는 경우, 개가 인식되면 "dog:

ID1"이라는 단어가 화면에 표시됩니다. 고양이가 인식되면 "cat: ID2"라는 단어가 화면에 표시됩니다.

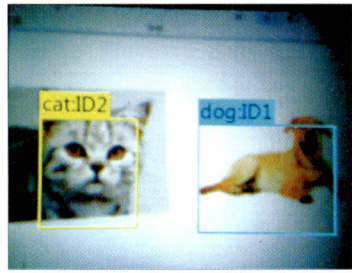

5. 허스키렌즈 선 따라가기(Line Tracking) 학습시키기

1. 작동 및 설정

① 기능 버튼을 돌려 "Line Tracking"을 선택합니다.
② 기능 버튼을 길게 눌러 매개 변수 설정으로 들어가 "Learn Multiple"을 해제합니다.
③ "LED Switch"를 설정하여 LED를 켤 수도 있으며 어두운 환경에서 매우 유용합니다.
④ "Save & Return"을 선택하여 저장하고 나갑니다.

2. 학습 및 탐지

① 선 학습: 선을 "+" 기호로 가르킵니다. 그러면 허스키렌즈가 선을 자동으로 감지하고 흰색 화살표가 나타납니다. 허스키렌즈의 위치를 선과 평행하게 조정합니다. 그런 다음 학습 버튼을 누르면 학습 과정이 완료됩니다. 선의 색을 다르게 하여 여러 선의 학습도 가능합니다.

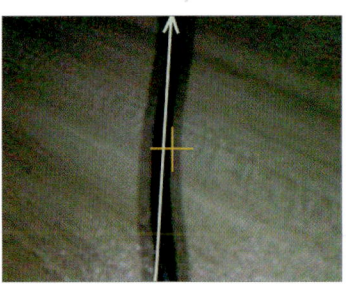 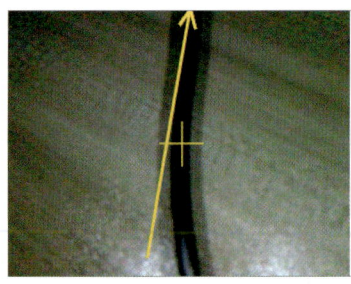

배경과 확연히 구분되는 단색 선을 사용하는 것을 권합니다.

학습 과정이 완료되면 파란색 경로 방향 화살표가 나타납니다.

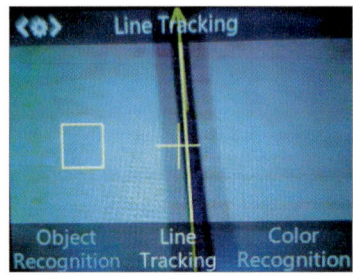

② 선 예측: 학습 후 허스키렌즈가 선을 감지하면 화면에 파란색 화살표가 나타납니다. 이것은 선의 예상 방향을 나타냅니다.

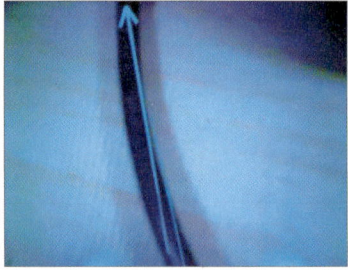

선의 색이 주변 조명의 영향을 받으므로 최대한 조명을 안정적으로 유지해 주세요.

6. 허스키렌즈 색 인식(Color Recognition) 학습시키기

기본 설정은 단색 학습입니다.

1. 단색 학습

① 화면에 "Color Recognition"이라는 단어가 표시될 때까지 기능 버튼을 좌우로 돌립니다.

② 허스키렌즈 화면 중앙의 "+" 아이콘을 이용하여 색상 블록을 선택합니다. 흰색 상자에 색상 블록이 최대한 잡히도록 조정합니다.

③ 이제 학습 버튼을 길게 누르고 유지합니다. 화면의 흰색 상자가 노란색 상자로 바뀌면서 학습하고 있음을 나타냅니다. 이때 허스키렌즈와 색상 블록 사이의 거리와 각도를 조정하여 노란색 상자의 크기를 색상 블록과 동일하게 만듭니다. 그런 다음 학습 버튼을 놓아 학습을 완료합니다.

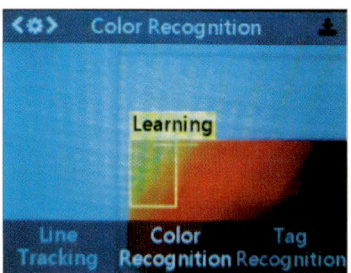

④ 동일하거나 유사한 색상 블록이 발견되면 ID가 있는 파란색 상자가 화면에 자동으로 표시되고 파란색 상자의 크기는 색상 블록의 크기와 동일합니다. 동일하거나 유사한 색상 블록이 동시에 여러 개 나타날 경우 다른 색상 블록을 인식할 수 없습니다. 즉, 한 번에 하나의 색상 블록만 인식할 수 있습니다.

 색상 인식은 주변 광의 영향을 크게 받습니다. 때때로 허스키렌즈가 유사한 색상을 잘못 식별할 수도 있습니다.

2. 다중 색상 학습

기본 설정이 단일 색상을 인식하는 것이므로 매개 변수 설정 메뉴에서 "Learn Multiple"을 활성화합니다.

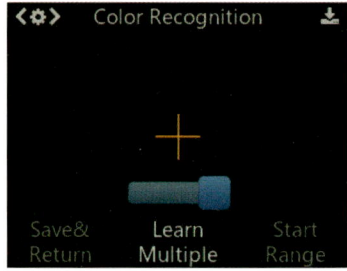

ID 번호는 학습된 순서와 관련이 있습니다. 예를 들어, 노란색 블록이 처음으로 학습되고 녹색 블록이 두 번째로 학습되는 경우, 노란색 블록이 인식되면 "Color: ID1"이라는 단어가 화면에 표시되고 녹색 블록이 표시될 때 "색상: ID2"라는 단어가 인식되면 화면에 표시됩니다.

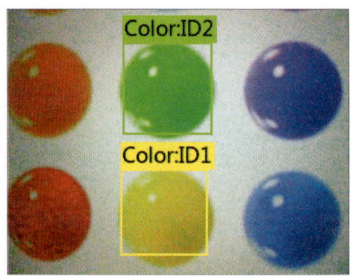

7. 허스키렌즈 태그 인식(Tag Recognition) 학습시키기

기본 설정은 단일 태그 학습입니다.

1. 단일 태그 학습

① 화면에 "Tag Recognition"이라는 단어가 표시될 때까지 기능 버튼을 좌우로 돌립니다.

② 아래 태그 코드 그림을 사용하여 기능을 테스트할 수 있습니다.

③ 흰색 상자가 태그를 감지하면 "+" 기호로 선택하여 학습 버튼을 누릅니다. 학습 중에는 "Tag: ID1"이라는 단어가 표시된 노란 상자가 나타납니다. 학습 버튼을 놓아 학습을 완료합니다.

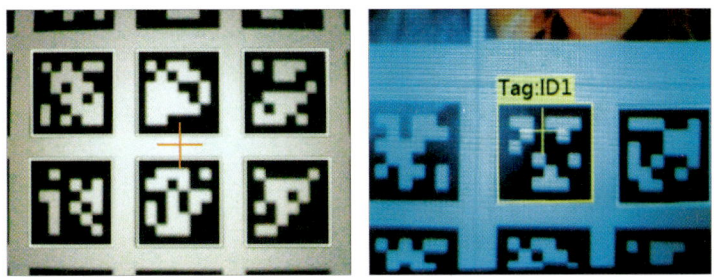

④ 학습된 태그가 감지되면 ID가 있는 파란 상자가 화면에 자동으로 표시됩니다.

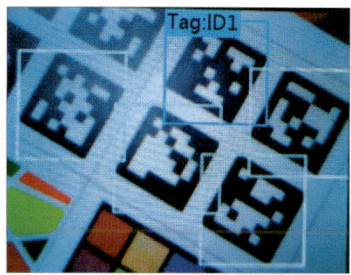

2. 여러 태그 학습

① 기본이 단일 태그 인식이므로 매개 변수 설정에서 "Learn Multiple"을 활성화합니다.

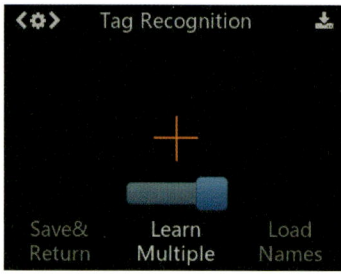

② 학습된 순서대로 ID가 부여됩니다.

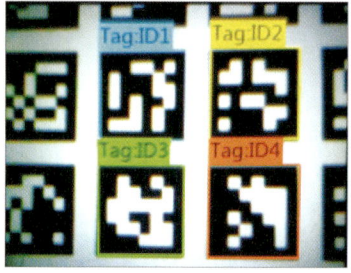

8. 허스키렌즈 사물 분류(Object Classification) 학습시키기

화면에 "Object Classification"이 나타날때까지 기능 버튼을 좌우로 돌립니다. 만약 "Object Classification" 메뉴가 없다면 허스키렌즈의 펌웨어를 최신 버전(V0.5.1)으로 업데이트하여 사물 분류(object classification) 기능을 사용할 수 있습니다.

사물 분류 기능은 서로 다른 사물의 여러 사진을 학습하고 내장된 기계 학습 알고리즘을 통해 훈련합니다. 허스키렌즈가 사물 분류 학습을 완료한 후 학습된 사물을 감지하면 사물을 인식하고 해당하는 ID번호를 표시할 수 있습니다. 다양한 이미지를 더 많이 학습할수록 더 정확하게 인식할 수 있습니다.

예를 들어 모자(헬멧)를 착용한 사람과 그렇지 않은 사람을 구분하도록 학습시킬 수 있습니다. 상세하게 알아보겠습니다.

사물 분류는 다중 사물 인식 모드가 기본 값입니다.

1. 사물 학습

① 큰 주황색 상자를 첫 번째 대상 사물(헬멧 쓴 사람)을 조준하게 하고 학습 버튼을 길게 누르면 "Learning XX/30 ID:1"이라는 단어가 있는 노란색 상자가 표시됩니다. 각도와 거리를 조정하고 허스키렌즈가 다양한 거리와 각도에서 사물을 학습하도록 합니다. 그리고 학습 버튼을 놓아 첫 번째 사물 학습을 완료합니다.

② 또 다른 사물을 학습하기 위해서는 팝업 상자가 사라지기 전에 학습 버튼을 짧게 눌러 다음 사물을 학습하기 위한 준비를 합니다. ①과 같이 학습버튼을 길게 눌러 두 번째 사물을 학습합니다.

③ 사물 ID와 학습된 사물의 순서는 동일합니다. 즉, 학습된 사물은 Object : ID1, Object : ID2, Object : ID3 등으로 표시되며 사물을 구분하는 상자의 색도 달라집니다.

2. 사물 인식

허스키렌즈가 학습된 사물을 다시 만나면 해당 ID 번호가 화면에 표시됩니다. 아래 그림처럼 허스키렌즈가 사람이 모자(헬멧)를 착용하고 있음을 인식하면 ID1이 표시되고 모자가 없으면 ID2라고 표시됩니다.

 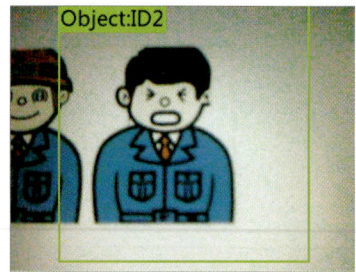

펌웨어 업데이트 방법은 다음 절을 참고하세요.

9. 보조 기능

보조 기능은 펌웨어버전 0.5.1 이상에서 사용 가능합니다.

이 보조 기능을 사용하기 위한 블록은 [허스키렌즈] - [⋯더 보기]에 있습니다.

1. ID 이름 재정의하기

라인 추적을 제외한 6개의 알고리즘(얼굴 인식, 사물 추적, 사물 인식, 색상 인식, 태그 인식, 사물 분류)에서 ID 이름을 재정의할 수 있습니다.

예를 들어 "Face:ID1"은 "Jack:ID1", "Face:ID2"는 "Tom:ID2" 이렇게 재정의가 가능합니다. 이때 재정의에 사용할 수 있는 언어는 "영어"만 가능합니다.

2. 화면에 사용자 지정 텍스트 표시하기

허스키렌즈의 좌표를 이용하여 화면에 텍스트를 표시할 수 있습니다.

허스키렌즈의 좌표는 왼쪽 위가 (0, 0)이고 오른쪽 아래가 (240, 320)입니다.

이 사이 값에서 (x, y) 좌표를 지정하여 원하는 텍스트를 표시할 수 있습니다.

만약 "Hello"라는 문구를 x = 140, y = 200 위치에 표시하고 싶다면 아래와 같이 블록을 사용하면 됩니다.

`HuskyLens show custom texts "Hello" at position x 140 y 200 on screen`

3. 사진 또는 스크린샷을 SD 카드에 저장하기

허스키렌즈는 디지털 카메라처럼 사진이나 스크린샷을 찍어 SD 카드에 저장할 수 있습니다. 허스키렌즈의 렌즈 왼쪽으로 SD 카드 슬롯이 있습니다. 사진과 스크린샷을 저장할 수 있는데, 사진에는 이미지만 포함되며, 스크린샷에는 화면에 표시되는 텍스트와 프레임이 포함됩니다.

얼굴 인식, 사물 추적, 사물 인식, 라인 추적, 색상 인식, 태그 인식, 사물 분류 알고리즘에서 이 기능을 지원합니다. 이 기능을 사용하려면 SD 카드가 필요합니다.

SD 카드는 SanDisk, Toshiba, Samsung 및 Kingston과 같은 제조사의 제품을 권장합니다. 소규모 브랜드의 SD 카드 간에 비호환성 문제가 존재할 수 있습니다. SD 카드를 FAT32로 포맷하여 사용합니다.

SD 카드 슬롯이 안쪽을 향하고 있으므로 아래 그림과 같이 SD 카드를 바깥쪽으로 삽입해야 합니다.

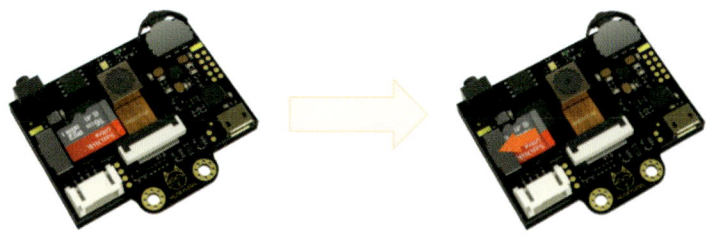

사진과 스크린샷을 찍고 저장하는 데는 약간의 시간이 걸립니다. 따라서 최소 0.5초 간격으로 이 기능을 사용하는 것이 좋습니다. 허스키렌즈에 저장된 이미지는 해상도 비율이 320*240입니다.

아래 예와 같이 버튼을 이용해서 사진이나 스크린샷을 저장할 수 있습니다.

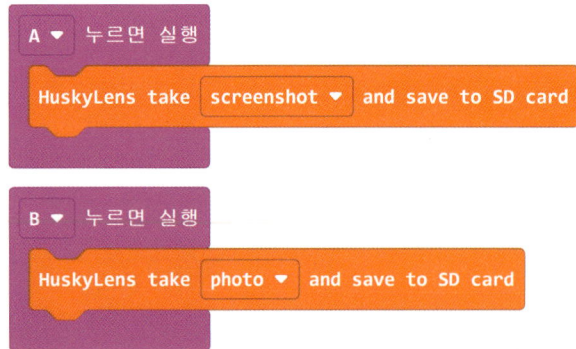

위의 코드를 실행한 후 SD카드에 저장되어있는 결과 이미지는 다음과 같습니다.

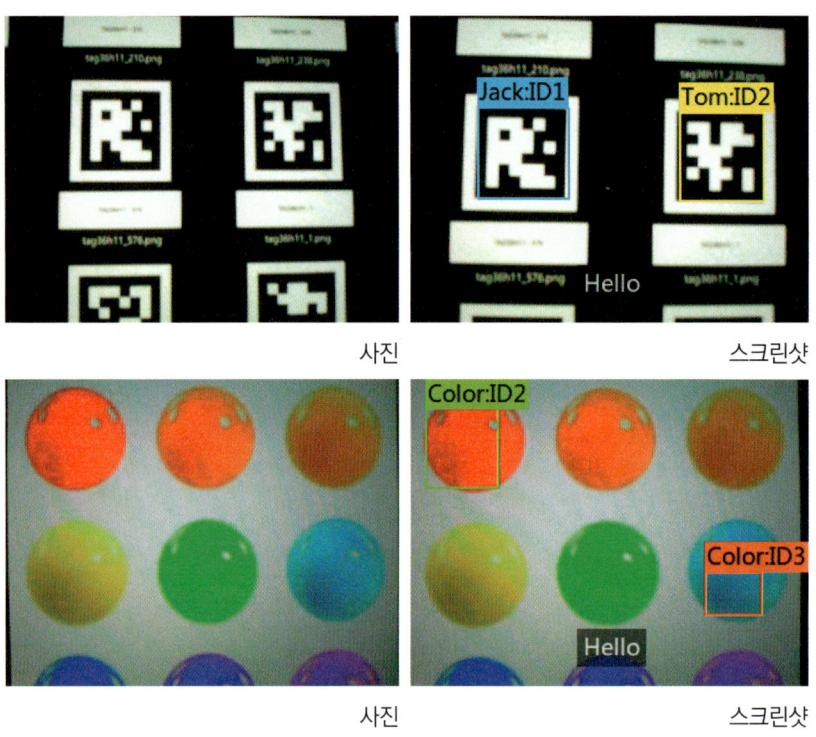

사진 　　　　　　　　　　스크린샷

사진 　　　　　　　　　　스크린샷

10. Mind+로 코딩하기

허스키렌즈는 메이크코드 외에도 Mind+ 프로그램을 이용해서도 코딩이 가능합니다. Mind+ 프로그램 설치 등은 20장을 참고하기 바랍니다.

① Mind+ 프로그램으로 허스키렌즈를 사용하기 위해서는 Mind+ 프로그램을 "업로드 (offline)" 모드로 설정해야합니다.

② 확장에서 보드를 마이크로비트로 선택합니다.

③ 센서에서 허스키렌즈를 추가합니다.

허스키렌즈를 추가하면 허스키렌즈 코딩 블록이 추가됩니다. 사용할 수 있는 코딩 블록은 다음과 같습니다. 메이크코드에서 제공하는 것과 동일한 기능을 제공합니다. (2023.1월 기준)

21장 허스키렌즈 설정 및 펌웨어 업데이트 하기 **271**

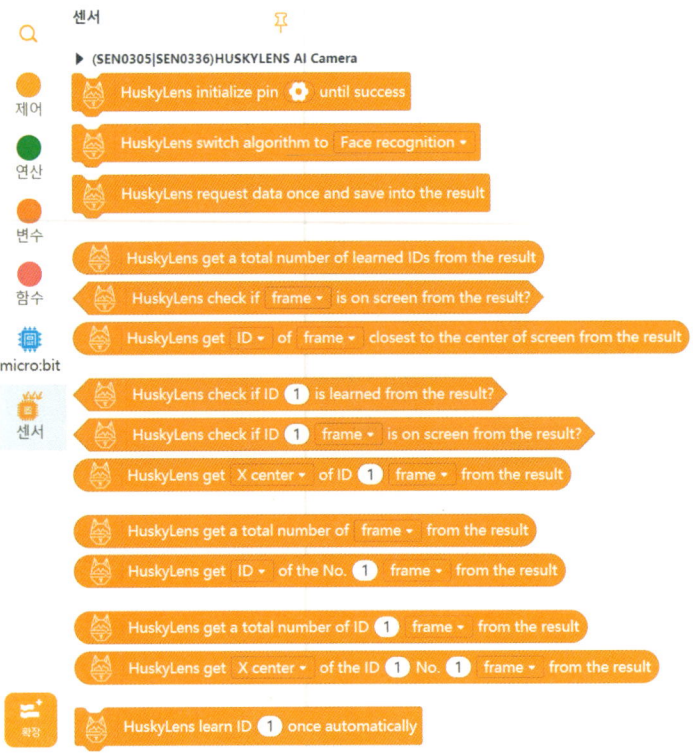

④ 마이크로비트와 허스키렌즈 블록 및 기본 블록을 이용하여 코드를 작성합니다.

만약 허스키렌즈로 얼굴을 학습시킨 후 학습된 얼굴이 보이면 '웃는 얼굴', 그렇지 않은 경우는 'X'가 나오게 하려면 다음과 같이 코딩하면 됩니다.

메이크코드에서와 마찬가지로 HuskyLens initialize pin until success와 HuskyLens switch algorithm to Face recognition 블록을 먼저 호출해야 합니다.

그리고 무한 반복하기에 HuskyLens request data once and save into the result 블록을 넣어야합니다.

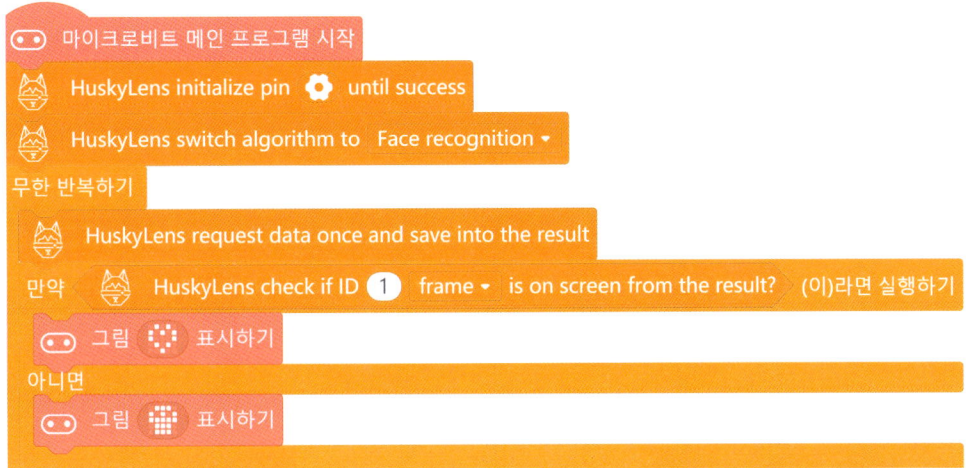

⑤ 그리고 오른쪽 위의 '장치에 업로드하기'를 클릭하여 마이크로비트에 업로드합니다.

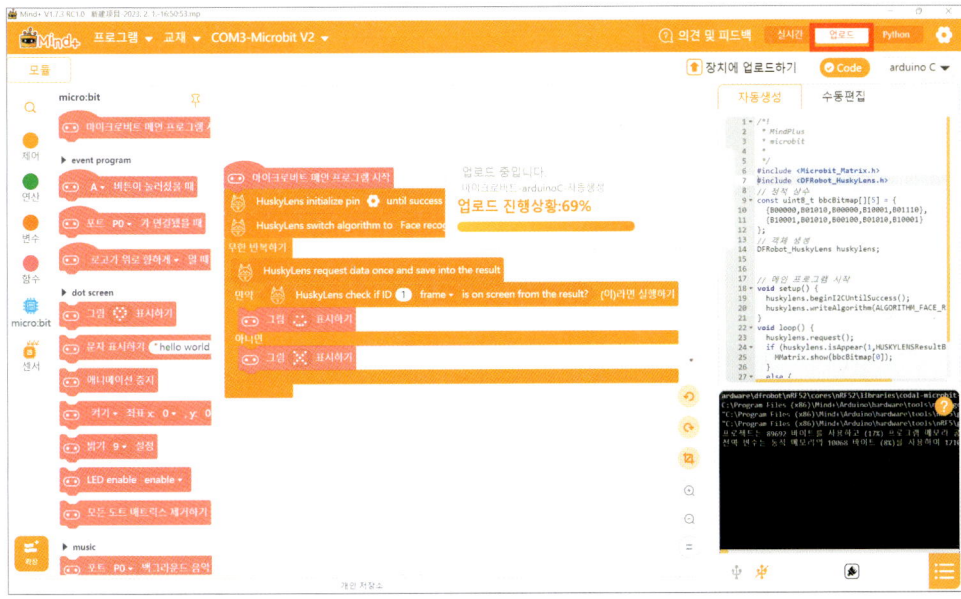

⑥ 마이크로비트와 허스키렌즈를 연결하여 동작을 확인합니다. 마이크로비트용 확장보드를 이용해서 I2C 포트에 연결하거나, 마퀸/마퀸플러스 V2의 I2C 포트에 연결하여 확인할 수 있습니다.

❷ 허스키렌즈 펌웨어 업데이트 하기

허스키렌즈의 펌웨어 버전이 0.5.1인 경우에 사물 분류 기능을 사용할 수 있습니다. 펌웨어 버전이 0.5.1이 아니라면 펌웨어를 업데이트를 합니다. (2023년 1월 기준)
펌웨어 버전을 확인하는 방법은 아래와 같습니다.

1. 기능 버튼을 끝까지 돌려서 General Settings이 나오면 짧게 기능 버튼을 눌러 선택합니다.
2. Version이 보일 때까지 기능 버튼을 돌립니다.

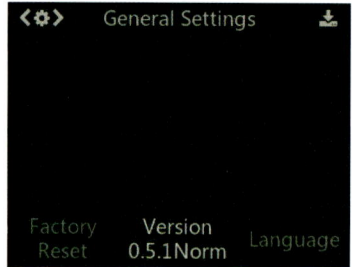

이 책에서는 윈도우즈 기반으로 펌웨어 업데이트 방법을 알려 드립니다.
펌웨어 업데이트를 위해 HuskyLens Uploader 소프트웨어를 사용할 것을 권합니다.

1. 아래 사이트를 접속해서 HuskyLens Uploader 소프트웨어를 다운로드합니다.
   https://github.com/HuskyLens/HUSKYLENSUploader 사이트에 접속하여 HUSKYLENS Uploader-V2.1.zip 파일을 다운로드 후 압축을 풀어줍니다.

2. USB to UART 드라이버를 다운로드 받아 설치해 주세요.
   허스키렌즈는 USB-직렬 포트 기능을 구현하기 위해 CP2102N chip을 사용했습니다.
   https://www.silabs.com/products/development-tools/software/usb-to-uart-bridge-vcp-drivers

3. 최근 펌웨어를 다운로드 받으세요. 깃허브(GitHub)에 모든 버전의 펌웨어가 있습니다.
   (2023년 1월 기준 V0.5.1a까지 릴리즈되었습니다.)

4. HUSKYLENS Uploader-V2.1.exe 소프트웨어를 실행하면 검은색 cmd 창이 먼저 나타나고 잠시 후 인터페이스 창이 나타납니다. 아래와 같은 화면이 나오면 "Select File" 버튼을 눌러 파일을 선택합니다.

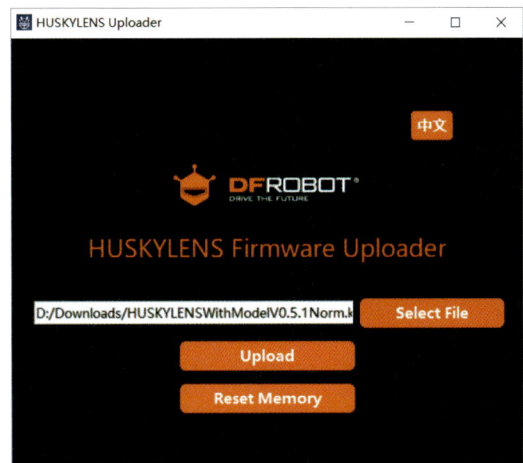

5. "Upload" 버튼을 선택합니다. 업로드가 완료될 때까지 약 5분 정도 기다립니다. 업로드가 완료되면 "Uploading"이라는 메시지가 사라지고 HuskyLens 화면이 나타납니다. 업로드 중에는 인터페이스 창과 작은 검은색 cmd 창을 닫지 않습니다.

> 1. 허스키렌즈의 COM 포트를 수동으로 입력하라는 메시지가 표시되면
>   컴퓨터에 설정된 허스키렌즈의 COM 포트를 수동으로 입력해야 합니다.
>   COM 포트는 장치 관리자에서 확인할 수 있습니다.
> 2. 펌웨어 업로드에 실패하거나 허스키렌즈의 화면이 켜지지 않으면 "Reset Memory"
>   버튼을 클릭합니다. 잠시 후 허스키렌즈가 재설정되었습니다. 펌웨어를 다시 업로드합니다.

③ 허스키렌즈 프로란?

허스키렌즈 프로(Huskylens PRO) 버전에 대해서도 간략히 알아보도록 하겠습니다.

허스키렌즈 프로는 기존의 허스키렌즈와 겉모습은 큰 차이는 없습니다.

기존 허스키렌즈와 비교하여 사양에 있어 크게 차이가 나는 부분은 카메라로 5 메가 픽셀 카메라를 탑재하였고, 내장 알고리즘에 바코드 인식, QR코드 인식 기능 추가되어 있습니다.

허스키렌즈 프로에서만 사용할 수 있는 기능들에 대해서 알아보겠습니다.

1. 바코드 인식(Barcode Recognition)

기본적인 사용법은 다른 기능과 동일합니다. 기능을 'Barcode Recognition'으로 선택하고, 바코드를 학습시킨 후 사용할 수 있습니다.

예를 들어 [ID:1]의 바코드가 인식이 되면 가격이 1,000원이라고 알려주는 시나리오를 생각해 볼 수 있습니다.

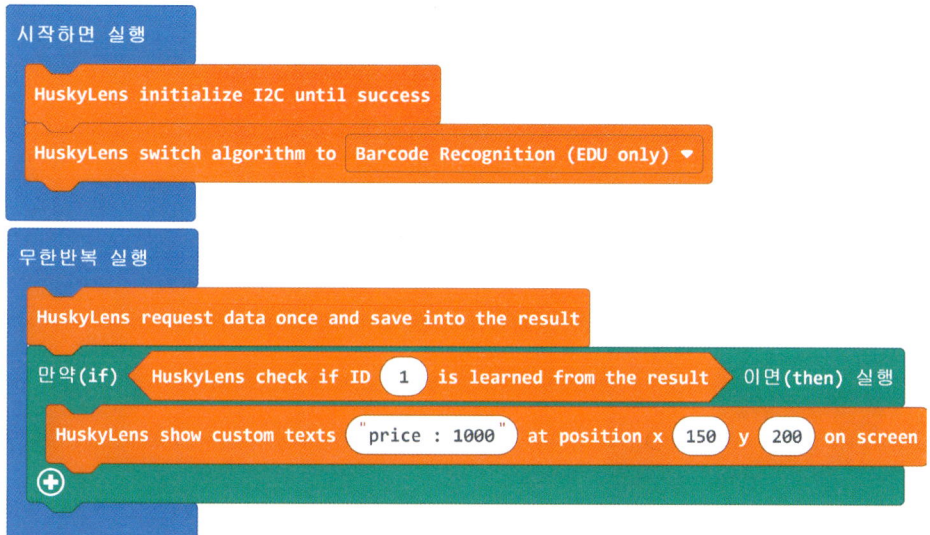

2. QR 인식(QR Recognition)

기본적인 사용법은 다른 기능과 동일합니다. 기능을 'QR Recognition'으로 선택하고, QR 코드를 학습시킨 후 사용할 수 있습니다.

**〈마이크로비트 마퀸으로 배우는 AI 세상〉을 읽고
궁금하신 내용은 아래 채널에서 질문해주세요!**

실시간으로 저자 및 마이크로비트에 관심있는 분들과 소통할 수 있어요!

마이크로비트 나도메이커 카카오톡 오픈채팅방
: https://open.kakao.com/o/gWCi4TOb

마이크로비트 사용자 모임 카페
: https://cafe.naver.com/bbcmicro

마이크로비트 브랜드몰 OPEN!

마이크로비트의 모든 것! 키트, 센서, 보드, RC카! 다 ~ 모여있습니다
제품을 바로 구매하시려면 QR코드를 찍어보세요!

 브랜드몰 바로가기